BATON《バトン》

トップを走り続けるために いちばん大切なこと

アース製薬株式会社
取締役会長
大塚 達也・補筆
代表取締役社長
川端 克宜・著

発行：ダイヤモンド・ビジネス企画　発売：ダイヤモンド社

はじめに

アース製薬株式会社は、２０２５年に設立１００周年という節目を迎えます。数多くの先輩諸氏によって積み重ねられた歴史を受け継ぎ私たちはここまできました。そして、次の１００年に向かって新しい一歩を踏み出すにあたり、現在のアース製薬の姿を文章で表そうと考え、本書をまとめることにしました。

１００周年と書きましたが、これは株式会社に改組した１９２５年を起点にしています。

事業そのものは、もう少し歴史が長く、１８９２（明治25）年に創業された大阪難波の小さな工場から始まりました。創業者は木村秀蔵。創業当時は、「チキウ」「キイロン」といった外傷薬をはじめ、塩酸・硝酸などの医薬品原料を製造していました。

1916年、6年もの歳月をかけて炭酸マグネシウムの国産化に成功し、「地球印」と銘打たれ、一躍主力製品となりました。そして1925年に「株式会社木村製薬所」が設立され、1929年に家庭用虫ケア用品「アース」が誕生しました。

日本の高度経済成長を象徴する東京オリンピックが行われた1964年、創業時から世界中の人々の生活の質向上を願い、一貫して主力製品に名付けてきた『アース』というブランドを社名に冠し、『アース製薬』に社名を変更しました。ですから2025年で創業133年、設立100年を迎えるということになります。

時代が下って、アース製薬は1970年に大塚製薬グループの資本参加を受けました。以後、「ごきぶりホイホイ」などの大ヒット製品を生み出した他、液体式電気蚊取り器の「アースノーマット」をはじめとする虫ケア用品などを製造販売してきました。現在では、入浴剤、芳香剤、園芸用品や、日本初の革新的技術でウイルスを不活化させる技術「MA-Tシステム」などへと取り扱いジャンルを広げ、世の中からの見られ方も「虫ケア用品メーカー」から「日用品メーカー」へ、そして、「感染症

トータルケアカンパニー」へと変わってきたのではないでしょうか。

そのような企業成長のプロセスの中、私は２０１４年に社長に就任しました。大塚家の出身でもなく、しかも当時42歳という若さでしたから、それは私にとって「青天の霹靂《へきれき》」というべき出来事でした。ただ、予想外のことではありましたが、指名された以上、逃げるわけにはいきません。それどころか、アース製薬の新しい成長のために、さまざまな挑戦をしなければならない、とすぐに覚悟を決めました。

本文中にも書きましたが、大きな挑戦の一つが「グローバルな事業展開」です。大塚達也会長が社長だった時代まで、アース製薬は国内マーケットでのシェア拡大を経営戦略の最重要課題としてきました。会長のリーダーシップと、社員の皆さまの努力によって、国内マーケットでの虫ケア用品のシェアトップが見えたのが10年前。そのタイミングで経営のバトンを受け取った私は世界に目を向け、海外進出に本格的に取り組むことにしました。アース製薬の次の１００年のために、それは避けて通れない道でした。

同時に私は、「殺虫剤」という言葉を使うことをやめる決断をしました。今では主だった販売店で、アース製薬が考えた「虫ケア用品」という言葉が浸透してきました。この呼称の変更は、広い意味で製品イメージを変え、ひいては企業イメージを一新することが目的でした。「地球を、キモチいい家に。」というアース製薬の企業理念に沿った呼称変更をしたのです。これも、アース製薬の次の100年を見通したときの、必須の変化だったと私は考えています。業界のリーディングカンパニーとして、業界のイメージを変えることにも貢献したと思います。

本書はアース製薬の「今」を知っていただくことを目的としていますが、この10年を振り返り、同時に未来を語るために、「私、川端」を語ることで「アース製薬の今」を語る、というスタイルをとりました。

どこにでもいる平凡な若者が、偶然のきっかけでアース製薬に入社し、右も左もわからない状態から営業パーソンとして鍛えられ、成長していく。30代で支店長を経験し、さらにガーデニング戦略本部本部長として製品開発にも関わり、取締役になってわずか1年で代表取締役社長に任命される。それは、会社員としては、おそらくレアなキャリアであると思います。ただ、私には自分自身の成長が、そのまま会社の成長に重なっていると感じられますし、社長になってからの10年も、会社の成長を感じてきました。

その意味では、私自身を語ることで、会社の成長の歴史も無理なく伝えることができるのではないか、と思っています。

本書は、アース製薬という会社に関心を持っている方に読んでいただきたいと思っています。１００年企業が、あたかもベンチャーやスタートアップのように、成長への意欲と活力を持ち続けることができるのかどうか？　そんな観点からも読んでいただけるかもしれません。

また、営業パーソンとして力をつけた私が、なぜ若くして経営者になったのかという、ある種の成長ストーリーとして読んでいただくことも可能でしょう。経営のバトンを渡された私が何を感じ、前任者の思いをどのように受け止めて走り続けているのか、この点は、かなり率直に書いたつもりです。
もしかすると、営業職としてスキルアップしたい若い方にも参考になるかもしれません。私の営業手法には、奇手奇策のようなものはありません。特別なスキルが必要なのではなく、一人一人、一社一社と真摯に向き合い、付き合っていくこと。その結果が数字になって表れる、ということは読み取っていただけるのではないかと思います。

ここで、本書の構成について説明します。

◎第1章　特にやりたい仕事がなかった私がアース製薬に入社したわけ
◎第2章　率先垂範型の支店長として業績を急拡大させる
◎第3章　大塚社長からバトンを受け継ぐ
◎第4章　社長就任から10年で会社は大きく変わった

第1章では、一線の営業パーソンとして、私がどのように歩み始めたかを描きます。アース製薬に入社したのは、本当に偶然でしたが、結果として私には「合っていた」のだと思います。このことが示すように、**「縁」や「出会い」は大事である**、というのが私の実感です。

新卒で配属されたのは大阪支店でしたが、その年明けに阪神・淡路大震災に見舞われました。支店も取引先の多くも甚大な被害を受け、復興に向かう大阪支店で、事業の再興のために働いたのが、私の新人時代でした。仕事に慣れた30歳前後の時、思うところがあって「転職活動」をしたことも書いてあります。会社が嫌だったわけではありませんが、自分の可能性を試したい、という気持ちが強くなったのです。

30代で広島支店長に任ぜられたところからを第2章にまとめました。広島支店は、周辺の岡山県、鳥取県、山口県、徳島県、愛媛県、高知県に出張所をもっていました。ここで、まさにエリア内を飛び回って、営業に勤しみました。

業績が良くないということは、やればやるほど業績が上がる、ということでもあります。ここで私は、趣味などを含めて人との関わりをつくっていくことで、それが数字にもつながっていく、ということを経験しました。「営業論」というほどのものではありませんが、人との関わりによって成果を上げることは、今も変わっていないと思います。そして広島支店の次は、自分をよく知る先輩も多い大阪支店で支店長を任されました。さらに、この頃、次期社長への就任を打診されました。

第3章では取締役兼ガーデニング戦略本部本部長の時のことを書きました。アース製薬にとって、当時のガーデニング事業は売上が小さかった事業であり、マーケットでの競争力もありませんでした。大塚社長（当時）には、そこで私に「小さい経営者経験をさせよう」という意図があったのだと思います。私に課せられたのは「ガーデニング事業の再建」でしたが、それは同時に「社長になるための最終関門」だったといえます。ここでヒット製品を生み出して、ガーデニング事業は存在感を高めることができました。

第4章では、社長に就任してからの10年を振り返りました。グローバル事業を拡大することを宣言し、もともとあったタイに加え、新しく中国に販売会社を設立。これを皮切りにベトナムの会社を買収して子会社化し、さらにミャンマーでも駐在員事務所をつくり、マレーシア、フィリピンにも進出しました。一方では、国内においても白元などM&Aを手掛けました。事業面以外ではCI（コーポレート・アイデンティティ）を刷新し、「虫ケア用品」という言葉を世間に広めました。新しいオープンイノベーションの取り組みである「MA-Tシステム」や、「BARTH」事業の譲り受けなど、これまでにはないアプローチもしています。

この10年で、アース製薬はいろいろな意味で変わりました。「働きがいのある企業」として、どれほど理想に近づき、前進できたかどうかはわかりません。この点については現在進行形で、これからも良い変化を起こしていきたいと思います。

なお、各章には大塚達也会長へのインタビューをもとに、そのときどきに会長が私をどのように見ていたか、アース製薬の変化をどのように感じていたかを語っていただきました。

新規性のある製品開発に力を注ぎ、その競争力によって国内マーケットでのシェアを高めてきたのは、ひとえに会長の手腕です。私がグローバル事業などに思う存分、力を振るえるのは、その基盤があるからこそです。

次の100年のスタートを、大塚会長と二人三脚で踏み出していきたいと考えています。

2024年10月

川端克宜《かつのり》

※2017年に「殺虫剤」という言葉をやめて「虫ケア用品」に呼称変更しましたので本書でも「虫ケア用品」と記載しました。

目次

第2章　率先垂範型の支店長として業績を急拡大させる

第3章 大塚社長からバトンを受け継ぐ

第4章 社長就任から10年で会社は大きく変わった

特にやりたい仕事がなかった私がアース製薬に入社したわけ

第1章

勉強熱心だったわけでもなく、ごく普通の大学生だった私がアース製薬に入社したのは、本当に偶然のきっかけからでした。ただ、それも「縁」だったのだ、と今にして感じます。まず、そのあたりの経緯から話を始めましょう。

時はバブル崩壊の後、アース製薬に入社した私は大阪支店に配属され、営業職としてキャリアのスタートを切りました。その年明け、1月に阪神・淡路大震災がありましたから、社会人のスタートは波乱に満ちたものだった、といえるかもしれません。先輩たちにしごかれながら、取引先である薬局のおっちゃん、おばちゃんに可愛がられた私は、営業のノウハウを身につけながら、少しずつ成長していきます。

「偶然の出会い」で決めた就職

私がアース製薬に入社したのは、まったくの偶然からでした。もし、その当時、携帯電話やスマホがあったとしたら、間違いなく入社していなかったと思います。それは１９９３年のことでした。

といっても、偶然の出会いというのは、悪いことではありません。この私自身の経験をもとに、「縁とか運とかタイミングというのは大事だよ」と、学生などに話をすることもあります。

どういうことかといいますと、大学卒業を前に、私はアパレル会社から内定をもらっていました。それほど深い考えからではありませんが、服飾に関する仕事が何となく面白そうだと思い、幾つかの会社の入社試験を受けていたのです。このまま、内定をくれたこの会社で働くことになるのだろうな、と思っていました。

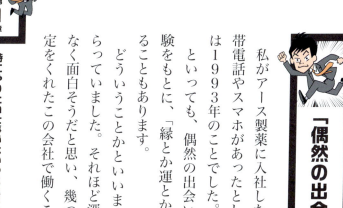

しかし、運命というのはままならないものです。

ある日のこと、私は当時付き合っていた女性との約束の時間を忘れたことに気付きました。食事をする約束をしていたのですが、それが午後6時だったか16時だったかがわからない。今なら携帯電話で本人に確かめればいいのですが、もちろんそれはできません（携帯電話が一般に普及し始めるのは、翌1995年からです）。

彼女の自宅の電話番号は知っていましたが、家に電話をかけるとお父さんやお母さんが出てしまうかもしれませんから、気が進みません（誰でもスマホを持っている今では、こういうドキドキはなくなりましたね）。それで、時間が早い分には待てばいいわけだから、と考えて、16時に自宅を訪ねたのです。

結論からいうと、約束は午後6時で、彼女はまだ家に戻っていませんでした。

そして、なんとお父さんが家にいて、「上がって待っていなさい」と言われたのです。お父さんは一人で家にいて、きっと暇だったのだろうと思います。

おわかりいただけると思いますが、私にとっては最悪の時間です。しゃべることもないし、黙って向かい合って座っているのがめちゃくちゃつらい。その時、お父さんから「就職活動はしているの？」と聞かれたのです。

「はい、もう終わりました」

「どういうところにいくの？」

「アパレルにいこうと思っています」

そう言って、会社の名前も答えました。
そんなぎこちないやり取りをしているところに彼女が帰ってきて、やれやれと思いながら、一緒に食事に出かけたのです。
その次の日のこと。彼女から電話がかかってきて、こう言われました。「お父さんが、アパレル会社は気に入らない、と言っているんだけど」。おそらく、お父さんに

あのね川端くん…
なんやのん？改まって
お父さんがもっと有名な会社に入ったら
おつき合い許してもいいって…
有名な会社？
ペラ
どこやろか？
企業名鑑
アースや！
一番に載っとるがな！
あ行
アース

とってアパレルという業種のイメージが良くなかったのだと思います。それで、「ちょっと、何とかならへん？」みたいな会話になったのです。

それで、「それなら他を受けてみようか？」と私は答えました。このまま就職したとしても、いずれお父さんともめるかもしれないし、そんなことはもうめんどくさい。何より、言われてみれば、アパレルが本当に自分がやりたい仕事なのか、よくわからなくなりました。

とはいえ、他にどの会社を受ければいいのかもわかりませんから、仕方なく大学の就職部に行きました。私には特にこだわりがありませんから、ファイルの企業をアイウエオ順に見ていって、最初のほうにあったアース製薬でいいや、と考えて受けに行くことにしたのです。その業種柄、たぶん真面目な会社だろうとも思いましたし、「これでええわ」みたいな話です。

あの時、携帯電話やスマホがあったら入社していなかった、というのは、こういうことです。
でも、これも縁なのだと思います。

そんな経緯があって入社したのですが、水が合った、というのでしょうか。アース製薬での仕事は面白かったですし、業績を上げることもできました。営業という仕事が自分に合っていた、ということかもしれません。支店の課長から支店長となり、事業本部長を経験し、入社から20年後の２０１４年に、私は代表取締役社長になりました。

その時私は42歳。営業職として実績を上げ、事業部でのマネジメントも経験しましたが、いかんせん若輩です。役員陣には尊敬すべき先輩方も数多くいらっしゃいました（といいますか、全員が先輩でした）。しかも、大塚グループという同族経営の会社ですから、ありえないような抜擢《ばってき》人事です。

私が社長になったのは、私が頭が良く、優秀な人材だったからでしょうか。

自分では、そうは思いません。

ではなぜ社長に選ばれたのか。

そのことを説明するために、入社からこれまでを振り返ってみようと思います。

入ってみると「超マニュファクチャー」の会社

私は学生時代、正直なところ、まったく勤勉ではありませんでした。勉学でもスポーツでも、何かに一生懸命打ち込む、というようなこともなく、アルバイトをしてマージャン、パチンコに精を出すという、要するに「普通の大学生活」を送っていました。

ただ、自分の特徴として要領は良かった、といえるのではないかと思います。友達が多かったのですが、今でも当時の友達と、先輩も含めてお付き合いを長く続けさせてもらっているのは、そういうことがあるかもしれないと思います。勉強だろうが遊びだろうが、とにかく集団でこなしていく、というところがありました。いろんな人を巻き込んで役割分担をしっかりして、手分けして課題に取り組む。そのような仲間意識は強かったと思います。

私は商経学部で学びましたが、それも「何となく」の選択でした。大学で学んだことが何か今、仕事で役に立っているかといえば、まったく役に立っていない、というのが本当のところです。大学の仲間たちは卒業後にメーカーにいくか、卸売業や商社にいくか。優秀な者は銀行をはじめ金融系にいくか、という進路でした。

そんな中、私は冒頭に述べたような経緯でアース製薬に入社したのですが、明確にやりたいことがあったわけではありません。父も普通の会社員で、継ぐべき家業があるわけでもない。アパレルを受けたのも「何となく」でした。

就職を控えた時期に漠然と思っていたのは、「しょうもないオトナにはなりたくない」ということでした。そこからアパレル業界という発想になったのかなと思いますが、自分の父親を見ていて、「そうはなりたくない」というのではありませんが、かっこいいおっさんになるにはどういう仕事をすればいいか、とだけ考えていました。もっとも、彼女のひと言がきっかけでアース製薬に入社することになったのですが、その時には「かっこいい」かどうかなどということは、考えはしませんでした。

アース製薬のどこが良かったのかというと、まず名前が知られた会社だった、ということがあります。会社規模は今よりずっと小さかったのですが、一応、世間で名前を知らない人はいなかったでしょう。

若い社員や入社希望の学生などと本音で話すことがありますが、会社を選ぶ理由は「その会社がいい事業をしている」などということではなく、聞いたことがある会社かどうかが大きいのではないでしょうか。その点、私はその時、「いい会社に入ったな」と思いました。今の新入社員などにもそう話します。面接であんまり格好をつけて、「御社の事業は〜」などと話す必要はありません。会社の事業概要を詳しく調べてくれていることはありがたいし、非常に大事なことではあるけれど、決め手は「この会社に入りたい！」でいいんです。「有名だし、良い会社だと思う」というだけで。

首尾よく入社してみると、もちろん30年も前の話ですからお話ししてもいいと思いますが、「超マニュファクチャー」で、きついきつい会社でした。営業部門に配属されましたから、夜も遅いし、先輩たちはまともに仕事を教えてくれないし、大げさにいえば「24時間働いていた」かのような記憶があります。バブル崩壊の後ですが、周りの会社も多くはそうだったのではないでしょうか。いってみれば根性論の世界です。

我われの業界は、今も変わりませんが、良くも悪くも景気に左右されない、という特徴があります。「安定している」という意味では、いい業界だと思います。すごい

メガヒット製品が出て利益が倍増する、などということは考えにくいビジネスです。消費者に必要とされる製品を開発し、愚直に営業するというシンプルなモデルといえます。

入社して、最初に配属されたのは大阪支店でした。当時は西日本出身の人間は東日本に、東日本出身の人間が西日本に、というのが初任の配属のパターンでした。ですが、理由はわかりませんが、私は関西出身なのに、関西に配属されることになったのです。

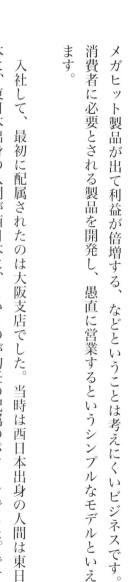

私自身は、配属については「別にどこでもええわ」と思っていたのですが、大阪支店に配属になったので、周囲のみんなに「地元でええな」と言われたものです。その中で私は、「どうせだったら違うところに行きたかったのにな」などと思いながら、大阪での仕事を始めたのを覚えています。

私は大阪支店営業二課に配属されました。大阪支店では営業一課が、ホームセンターやスーパーマーケットの担当。二課は薬局を担当していました。まだ今のようなドラッグストアチェーンは少なかった時代です。

薬局を担当することになったのは、今から思うと良かったのかもしれません。ドラッグストアが誕生するかしないかの時に担当になったので、マーケットの拡大期に仕事をすることができたからです。要するに足繁《しげ》く通っていた薬局が、チェーン化を進める企業の傘下にどんどん入っていった、ということです。

一方、営業一課が担当したスーパーマーケットは、当時が最盛期だったのではないかと思います。


もちろん、どちらに配属されたとしても社内の人間関係は変わらないでしょうし、それなりの経験をし、それなりの人生があったのだろうとは思います。ただ、成長性のある業界を担当したことは、おそらくその後の仕事に影響があったのではないかと考えています。薬局の業界ではチェーン化が進み、拡大基調に入りそうだと感じるようになったのは、入社から2年ほどたった頃からでした。

新入社員時代に阪神・淡路大震災を経験

新入社員としての経験の中で、年が明けた1995年1月17日、阪神・淡路大震災があったことは書いておかなければならないでしょう。私は大阪支店で働いていましたが、大阪支店管轄に神戸出張所がありました。いうまでもありませんが、震災によって壊滅的な被害を受けました。

私は、当時、比較的神戸に近い社員寮にいたのですが、仲が良かった一つ上の先輩（伊東勲さん、現アース・ペット副社長）と2人で、社員の安否確認を命じられました。何人か連絡が取れない社員がいる、ということで、会社からリストを渡されて「訪ねてこい」というわけです。新入社員ですし、体力もあるだろうから、ということだったと思いますが、ついでに芦屋あたりに住んでいる大塚製薬の偉い人の安否確

認もせよ、言われました。気軽に引き受けてはみたものの、これがとんでもなくきつい経験でした。

当然のことながら、まず電車が動いていません。道路の状況も悪いので、車もバイクも使えません。それで、大阪市内から阪急電鉄沿線を尼崎、西宮、芦屋、神戸と歩いていくことにしましたが、途中、高架が崩れているところもありますし、見たこともないような惨状でした。

さて、目的の場所にたどり着いて安否確認ができたとして、また引き返して、歩いて大阪まで戻らなければなりません。毎日毎日歩いて、全員の無事を確認するのに一週間以上かかったと思います。いちばん遠いところで明石まで行ったのではなかったでしょうか。

当然のことながら大阪支店も、壊滅的なダメージを受けました。もう、まともな仕事にはなりません。得意先もほとんどが被災していました。得意先あっての仕事ですから、私たちは店舗の復旧のお手伝いなど、作業員のような日々が続きました。

少しでも時間ができたときは、当時の課長に、「献血行こうか」とよく言われました。またですか？ というぐらい行きました。「こういうときこそ、こうやってお役に立たなければ」と言われて、献血に行く、得意先の手伝いに行く、また、間隔をおいて献血に行く、という繰り返しでした。

以前のように担当エリアを回り始めたのは、震災から1カ月以上経《た》ってからのことでした。どの道も混んでいますし、店を訪ねるとしても一日一軒がやっと、という状態。店に着くと、「おおー、お互い生きていて良かった」みたいな感じ。交通などのインフラの回復とともども、支店機能が元通りになり、普通に営業訪問ができるまでに1年以上かかったと思います。

未曾有の震災は、忘れられない記憶ではありますが、新入社員なので心理的な影響などはあまりなかったように思います。売上・利益の責任を負う支店長などは大変な思いをしたでしょうし、私も入社3年目などでしたら、数字をどうするか、担当するお店の損傷度合いや復旧の可能性など、いろいろなことを一度に考えなければならなかったでしょう。ただ、そこは新人ですから、まだ1年間の研修を受けている途中のようなものです。どこまでが通常の仕事なのか、この先の業務への影響はどうかなど、よくわかっていなかったのです。

当時専務だった大塚達也会長は、よく陣中見舞いに来てくれました。それで、新入社員だった私も、顔と名前を覚えてもらったのではないでしょうか。

大塚会長に聞く①
「句読点のない、思いがこもった手紙」

Q 川端さんの存在を知ったのは、いつ頃でしょうか？

最初は、阪神・淡路大震災の時だったと記憶しています。震災が起こって関西が大きな被害に遭い、我われの会社の拠点も、ダメージを受けました。当時、私は専務でしたが、支店や出張所を陣中見舞いに回りました。不謹慎な言い方かもしれませんが、いたるところが、まるで廃墟のような姿になっていて、本当にショックを受けました。

その時に、大阪支店にいた川端くんを知ったのです。

Q 大震災という特殊な状況だから、新入社員だった川端さんとつながりができた、ということでしょうか。専務と新人がお互いを知る、ということは珍しい

ことのように感じます。

そうかもしれませんが、川端くんと、その先輩の伊東くんのことは、とても印象に残っています。その理由の一つは、2人から会社の未来に関する、なかなか熱い手紙をもらったことです。

Q どんな手紙だったのでしょうか？

川端くんの手紙は、文章がしっかりしていて、なかなか面白い内容でした。個性的だな、と思ったのは、彼の手紙には区切りのところに句読点が一切ないんです。すべて文字だから、読みやすくはありません。でも、思いのこもった、とてもいい文章なのです。

Q 今から約30年前ですが、手紙を書く社員は珍しかったのでしょうか？

私自身、当時はお得意様とお会いしたり、ご馳走になったりとか、いろいろな場面がありましたが、必ずお礼の手紙を書いていました。それが大事なことだと考え

ていたからです。今はもう、すっかり「筆不精」になってしまいましたが。

ところが社員から手紙をもらうことなど、ほとんどありません。決して彼らに嫌われていたわけではないと思うのですが、当時はすでに、手紙というのははやらないものだったのかもしれません。

それだけに川端くんたちからの手紙は印象に残ったのだと思います。

Q それが今でも記憶に残っているのですね？

そうです。その手紙は誰かに言われて書いたのではなく、自分から進んで書いた、ということでした。しかも、私に伝えたい思いがあって、率直に綴《つづ》られている。大震災という特別な出来事があったから、ということかもしれませんが、自分の意志で書いているものだから熱も感じられ、心がこもっている、と感じたのではないでしょうか。

「やり続ける」ということの結果が成績につながる

当時の営業の仕事は、町の薬局を一軒一軒、訪問して回ることでした。店のおっちゃんやおばちゃんに可愛がられて、「よう来たなー、オロナミンC飲んでいくか？」などと言われる、本当に牧歌的な時代です。

薬局を対象にする営業の仕事は、すぐに面白いと感じました。人としゃべるのは好きですし、まったく苦になりませんでした。

新入社員ですから、大きな販売会社を担当させられるということはありませんし、一日歩き回って、帰る時間が遅くなっても特にしんどいとも思いませんでした。お店を訪問して「今週は何がいいねん」などと聞かれて、「ええのを入れるから、ちょっと手伝いに行きます」というような、アナログそのものの働き方でした。

その一方で、先輩たちは厳しかったですね。「店長役をするからロールプレーしたろか」などと言われる。店回りをして疲れて支店に戻って、ボロクソに言われながらそれをやるわけです。それも毎日です。早く寮に帰りたいと思っても、「腹減ったから出前を頼め」と言われるなどして、なかなか帰らせてもらえません。

夜のそんな時間があったから、逆に、昼間の仕事が楽に感じられた、ということもあったと思います。そんなスパルタ式のトレーニングも、今となっては「良かったのかな」という話もできるのですが。

この会社で「自分がゆくゆくどうなりたいか」というイメージは、営業でしたから、課長になりたい、その上の支店長になりたい、ということだったのではないでしょうか。当時、アース製薬は、北海道から九州までの間に7拠点しかありませんでした。つまり、全国に支店長は7人いるということです。ですから、出世のイメージは支店長の椅子に座ること、というのが、みんなが考えることだったと思います。

営業成績については、ちょっと生意気な言い方をすると、苦労したことはありません。振り返ると、「なんでみんな数字を上げられなくて苦しんでいるのかな？」と思いながら、私自身は目標達成を積み重ねて出世をしていったと思います。

これは営業の「コツ」があるというより、「やり続ける」ということの結果だったと思います。この間には、もちろん失敗もありました。駆け出しの頃、お店を訪問して、塩を撒かれた経験もあります。何か無作法なことをした、というわけではなく、おそらく先方の虫の居所が悪かったのでしょう。人間ですから、誰しも、そういうことはあります。

ですが、そんな失敗というマイナスとプラスとを比較すると、圧倒的にプラスが多かったのです。それは営業術がそうさせたのではなく（テクニックというものも、ないわけではないと思いますが）、いい人間関係を築くことができた結果だと思います。簡単にいえば、注文をくれたらうれしくなるから、お礼も兼ねてまた訪問する。そこでまた注文をもらう。これの繰り返しじゃないかな、と思うのです。

言い方を変えると、私は「しつこかった」といえるかもしれません。意外とみんな

「あの販売店に行ったって無理やな」とか「行っても注文くれへんし、別の店に行こう」などと言って、途中でやめてしまうんです。その店にもう一度行けば、もしかしたら注文をくれるかもしれないのに。自分で勝手に「終わり」を決めているだけなんです。コツというものがあるとしたら、「終わり」を決めないでやり続ける、ということしかないと思います。

ただ、実感としては余裕綽々《しゃくしゃく》ということではなく、一つひとつの仕事を積み重ねていった結果である、と思います。私はフルマラソンを2回走ったことがあるのですが、その時の目標設定は、「次の電柱まで頑張る」「またその次の交差点まで行く」という積み重ねで、結果として走り切ることができたのです。仕事もそれと似たところがあって、「もう1日頑張ろう、もう1年頑張ろう」と言いながらここまで来た、というのが正しいかもしれません。

アース製薬が１００％自分に合っている、とか、これが天職である、などとは思ったことがありません。

よっしゃ！アースの製品仕入れたるわ
ありがとうございます
こないだはご発注ありがとうございました
いやいやまた頼むよ
おや川端さんまた来てくれたの？
こないだはありがとうございました
発注のたんびにお礼に来んでもええんやで
そんな〜淋しいですやん

ちょっとずつ、金鳥との差を詰めていった

当時のアース製薬は、虫ケア用品業界でいうと、上に金鳥（大日本除虫菊）がいて、フマキラーがいて、我われは三番手というポジションでした。私が入社した頃に、たぶんフマキラーに追いついていましたが、はるか上に金鳥がいました。薬局へ営業に行っても、「別にアースはいらん。金鳥があったらええから」などと言われた時代です。

簡単にいえば、ブランド力で勝負はできなかったので、とにかくマメに訪問して店の人に可愛がられないといけません。訪ねて行ってはおしゃべりをして粘って、「もうしょうがないな、（製品を店に）置いていけや」みたいな話です。そんなふうにしながら、ちょっとずつ、ちょっとずつ、金鳥との差を詰めていった時代でした。

「金鳥を抜かしていちばんになるんだ!」という機運が生まれたのは、大塚達也会長が大塚製薬から転籍され、製品開発を積極化した1990年頃からです。そこから、少しずつ成果が出るようになり、小さなサブカテゴリーでトップシェアになるなど、みんなが自信をもつようになっていきました。

中でも大きなトピックスとして外すことのできない新製品に、ゴキブリ用駆除スプレーの「ゴキジェットプロ」、そしてハエ・蚊用駆除スプレーの「アースジェット」があります。特に虫ケア用品カテゴリーの中でハエ・蚊駆除用スプレーに関しては、本当の意味でのナンバーワンになるための関門でしたが、そこまでの攻勢について、少し詳しく説明しましょう。

まず、ゴキブリ用駆除スプレーについては1990年代前半、金鳥「コックローチ」が非常に強く、アース製薬が発売していた「ゴキブリアース」のシェアは2%程度と、影の薄い存在でした。そこで逆転を期して開発したのが、トリガーノズルに

よって強い噴射力を実現した製品でした。それまでの同種製品ではプッシュ式でしたが、引き金式の製品で、見た目も従来品とは大きく違っていました。缶のデザインも、メタリック・グリーン（「アースジェット」はメタリック・レッド）に大きく斜めにロゴを取り入れた斬新なものでした。この、従来品より3倍噴射力が強いことを謳《うた》った「ゴキジェット」（「ゴキジェットプロ」の前身）は、1995年に発売されました。

　この「ゴキジェット」は、じわじわとシェアを拡大していきました。さらに2年後、有効成分イミプロトリン配合処方の承認が下りました。この成分を配合した新製品を『ゴキジェットプロ』と名付けました。ゴキブリの神経軸索への作用がより強い即効性タイプ。通常ですと、虫ケア用品は冬場には売れないというのが常識ですから、翌春まで発売を待つところです。ただ、この時は承認が下りた年の8月に、発売に踏み切りました。その理由は、春まで発

「ゴキブリアース」

「ゴキジェットプロ」

売を待てば、同様に承認を取得したであろう金鳥やフマキラーと同じスタートラインにつくことになるからです。そこで業界の常識に反することですが、先手を打つことにしたのです。

その狙いは当たりました。年末から真冬にも大量にCMを投入するのも常識外れといわれましたが、消費者に「イミプロトリン＝ゴキジェットプロ」というイメージを刷り込むことができ、発売からわずか2年で他社の先行製品とのシェア逆転に成功したのです。

「ハエ・カアース」

「アースジェット」

ハエ・蚊の虫ケア用品についても、競合の製品が圧倒的なシェアを誇っていました。ハエ・蚊の市場規模は、虫ケア用品全体の約4割を占める大きな市場です。ここで成功しない限り、虫ケア用品全体でのシェアアップを果たすことはできません。そこで1996年、「アースジェット」を発売しました。こちらもトリガー式で、同種

製品とは見た目が違います。また、競合製品が青い缶であるのに対して、『アースジェット』はメタリック・レッドとし、違いを強調しました。

しかし、さすがに競合も強く、そのトップの座は簡単には揺らぎません。そこからは、全社の力を結集しました。価格戦略では「アースジェット」の店頭販売価格を低く設定して対抗しました。また、製品の認知度を広げるためにミニサイズのサンプル缶を大量に作り、とにかく配布し続けました。その結果、発売から丸５年かかりましたが、ついに個数シェアで競合製品を逆転することになったのです。金額シェアでも競合製品を逆転したのは２００８年のことです。トップシェアを誇る製品との長い戦いでした。その後も手を緩めることはなく、「ゴキジェットプロ」「アースジェット」ともに、高いシェアを誇っています。

こうしたトップへの挑戦から、私にとって良い意味での学びになって、今の私があると思います。どちらも常識を疑い、常識にとらわれない展開をしたことはすでに述べた通りです。「ゴキジェット」のメタリック・グリーン、「アースジェット」のメタ

リック・レッドは、どちらも多くの得意先に「その色じゃ売れへん」と発売当初は言われましたし、私たち自身が「これ売れる？」と半信半疑でした。色のことだけではありませんが、固定観念から脱して、差異化を図った結果、競合を抜くことに成功したといえます。

この成功体験から「常識にとらわれない」という発想が会社のＤＮＡになったと思いますし、私自身もそのように考え行動するようになりました。

こんな一例が示すように、大塚会長の考え方が会社にもたらしたものは、とても大きいものだったと思います。

先輩のひと言が胸に響き、転職を思い留まった

20代の頃については、「転職活動」をしたことにも触れておく必要があるかもしれません。あるいはギリギリ30歳になった頃だったでしょうか。「隣の芝生が青く見える」というのは、おそらく誰しも経験することでしょう。

先ほど述べたように、営業の数字は目標未達だったことがないので、天狗《てんぐ》になっていた、ということかもしれないのですが、「どこに行ってもやれるだろう」「もっといい会社があるのちゃうか」と思ったのです。仕事が嫌だ、とか、給料に不満がある、ということではないのですが、会社に飽き足りない思いがあったのだと思います。それで幾つかの会社に面接を受けに行って、製薬会社や飲料メーカーから内定ももらい

ました。

その話を、会社の先輩にもしました。そうすると、止めてくれる先輩もいましたし、「そうか、頑張れよ」と励ましてくれる先輩もいました。

そんな中で、私が新入社員の時に課長だった吉村一人さんという方がいて、とても怖い人だったのですが、この方の下でずっと仕事を教わりましたから、「吉村さんには話しておかなければ」と考えて、電話をしました。その時吉村さんは大阪を離れて、北関東の支店長をされていました。

何て言われるだろうか、とドキドキしたのですが、思い切って電話すると、吉村さんはこう言いました。

「何で辞めんねん」

「いやこの会社におっても、あんまり将来がないように見えますし。よそでチャレンジもしてみたいと思いまして」

「昔からお前には社内にライバルおらんちゅうことやろ」

「そうですね」

「でも、それがええって思えへんか？」

そんな会話があり、吉村さんは言うのです。

「だからお前は輝くんやで。いっぱいできるやつばっかりおったら、ただの人になるからな」


このひと言が私に響きました。「なるほど、そういうことか」と思いました。物足りない思いがあったのは、偉そうな言い方かもしれませんが、強力なライバルがいないから。ただ、だからこそ、自分が目立つことができている。吉村さんに言われたことで、転職するのをやめたのです。


その、ある意味で私の人生を変えた吉村さんとは、その後も関わりが続きます。

彼が東京支店長の時に、私が大阪支店長になり、もしかすると私が転職をしていたら、自分にとってのライバルが減った、と喜んでいたかもしれない、などと思いました。

私が社長に就任した後、同業で老舗メーカーの白元をグループ傘下に収めました。その時に、いろいろ考えた末、吉村さんに社長になってもらいました。これについては後でまた述べますが、民事再生法の適用会社になった白元の経営を立て直すには、吉村さんこそ最適の人材であると確信したのです。カリスマ性があり、修羅場に強いからです。転職をやめさせた先輩と、このように長く密接な関わりを持ち続けているのも、「縁」としかいいようがありません。

振り返って考えてみると、当時の私は会社の仕組みや制度、あるいは文化の中に、不合理なことがたくさんある、と感じていたのかもしれません。それは、仮に自分が出世して、それを変える権限をもっていれば、すぐにでも変えたいと思うような不合理なことだったと思います。ただ、若い自分にはそんな権限はありませんから、「おかしい」と思ったとしても、それを変えることができない。そんな苛立《いら》ちのような気

持ちが、転職という行動につながっていったのでしょう。

吉村さんの言葉で、ひとまず冷静になった、ということです。冷静になって、じゃあこの会社で偉くなればいいじゃないか、と腹を決めたことになるのかもしれません。

今となっては、あの時転職をして、どこの会社に行ったとしても、頑張って成果を上げられたのではないかと思います。そこでも社長になっただろう、とはいいませんが。ただ、吉村さんのひと言があってアース製薬で頑張ることにしたのですが、それも含めて、この会社が引き寄せた私との縁だな、と思います。

加えていうなら、やはり人に恵まれた、といえるでしょう。会社との縁、人の縁、それが私を支えてくれたのです。

証言　白元アース　吉村一人社長(1)

「彼と一緒だった大阪二課は、本当にいいチームだったんです」

Q 川端社長が新入社員当時、同じ大阪支店で課長を務められていました。川端さんの第一印象を覚えていますか?

その年、大阪支店には新人が2人配属されました。彼については「元気そうな若者だな」というのが第一印象ですかね。

当時は、バブルがはじけて、その頃からアース製薬の成長が始まりました。今の大塚達也会長が、大塚製薬から戻ってこられて、製品回りを強化されました。その時に、主だった支店で二課制になり、私も含めて34、35歳の社員が、みんな課長に抜擢されたんです。会社としても「攻めるぞ!」というスタンスになりました。ですから、非常に忙しかったです。夜中の12時に事務所に電話してもつながるのはアースとどこどこだ、と問屋の人に言われるぐらいでした。川端社長が入社したのは、そんな雰囲気の頃。当然、「鍛えられた!」というイメージなのでしょうね。

Q その年が明けると、震災がありました。しょっちゅう献血に行かれた、というお話でしたが。

私の記憶では、献血に行ったのは1回だけだったと思います。彼が個人的に行ったのかもしれませんが。今振り返ってみると、あの時は本当に大変な状況でした。それで、「何か役に立たないかんな」ということで、献血に行った、ということです。

仕事の状況が元に戻るまでは、1年じゃ済みませんでしたね。私は課長でしたから、何があろうと数字は上げなきゃならない。アース製薬の文化でもありますが、震災があったからといって前年を割っていいわけではないんでね。その当時、いちばん打撃を受けたのは神戸出張所で、支店長は大変だったと思います。私は大阪府下全域を見ていた課長だったので、多くの得意先も直接的に打撃を受けたわけではありませんでした。

思い出しましたけど、神戸の流通も全部ストップしていて、大阪から製品を運びましたが、粉末のシャンプーとかモンダミンの売れ方がすごかったです。異常値でした。ですから次の年、モンダミンの数字を維持するのが大変でした。

Q 川端社長の20代での成長を間近でご覧になっていたと思いますが、どんなところが優れていたのでしょうか?

今もそうですけど、彼のいちばんいいところは、人に好かれることだと思いますね。可愛げがある、というか。そういうところで先輩にも可愛がられ、得意先にも可愛がられる。そんな印象がありました。それは、親に感謝せなあかんところでしょうね。

もう一つ彼の特徴としては、勘がいいというか、相手のことを察する力があるというか、痒《かゆ》い所に手が届くというか、そういうような感性があります。私自身も担当をもっていましたから、べったり一緒だったわけではありませんが、月に1回ぐらいは同行していたと思います。

私は40歳で北関東の支店長になったので、大阪支店での上司と部下としての関係は6年ぐらいだったのではないかと思います。最後のほうは若手のリーダーで、2、3年目には大きな取引先も担当し、私の担当を引き継いでもらうなどしました。

Q 転職の相談を受けられたのですか？

電話がかかってきました。「次が決まっている」と社名まで言っていましたね。

理由を聞いて、「もったいないな」と言ったと思います。私の記憶ですよ。

「君は周りを見ても、そんなにライバルはいないだろう？　自覚があるんじゃないのか？」

「自分の人生だから自分で決めればいいけれど、アースにいても、何らかは成し遂げられるような気がするけど？」などと言った記憶があります。「残ったら、また私と一緒に仕事ができるじゃないか」みたいなことも言ったのではなかったでしょうか？　まあ20年も前の話ですから、全部は覚えていませんけれど。

そんなことを言ったのは、彼と一緒だった大阪二課は、本当にいいチームだったからです。私にとっても、今でも忘れられません。私が北関東に行く時には送別会をやってくれて、新大阪の駅まで全員で見送ってくれました。チームワークの優れたメンバーが集まっていた、ということもありますし、支店の中でも数字は1回も落としたことはないし、そういう意味でも、いいチームだったということです。私の下にいたメンバーも自信がついたでしょうし、プライドももっていたと思います。

振り返ると大塚達也社長になったのが一つの分岐点で、当時の年商からしても信じられないぐらいの宣伝量を入れたり、各製品にプロモーターを付けたり、それまでなかったような政策を打ち出しました。ですから私たちもそれに応えようとしましたし、製品がそうやって出来上がってきて勢いがついていました。そういう背景があったので数字を落とすということはなかったのです。

Q 吉村社長が北関東の支店長だった時に、川端社長は広島支店長になりました。

その当時のことについては、営業本部長だった故・森藤義親専務のことを抜きにしては語れないでしょうね。森藤専務が大阪支店長だった時に、私がその下の課長だった、という関係です。川端社長を広島支店長に抜擢する時に森藤専務から、「広島支店のシェアを上げたいので若手を抜擢したい」と言われ、私が「川端がいいじゃないですか」と言った覚えがあります。

支店長になると、どうしても前任者との比較になりますが、彼はアグレッシブに動いていたと思いますし、いい感じで数字を上げてきたと思います。毎月の支店長会議でわかりますからね。そうなるのは、ある意味、当然だと思っていました。

彼が大阪支店長になる時にも、森藤専務から相談されたんです。「大阪に川端を持っていこうと思うんだけど」と言うので、「いいんじゃないですか」と答えた覚えがあります。

大病で「自分の会社員人生は終わった」と思ったが…

大阪支店で課長に昇進したのは２００３年１月１日のことです。もちろんプレーイング・マネジャーですが、すでに大阪で売上がトップの取引先は持っていました。言うなれば、「自分がやらないと、もう支店が回らない」というような大事な顧客をもっていた、ということです。

でも、好事魔多し。この頃、私はアクシデントに見舞われました。予期せぬ大病にかかったのです。

夏だったと思いますが、急に熱を出してしまいました。ここで無理をしなければ良かったのですが、折悪しく、営業本部長が大阪支店に来る、ということになっていました。それで、大きな取引先の訪問に同行を求められました。このようなケースでは、私に声が掛かることが多かったのです。営業本部長は森藤義親さんという、当時、専務だった方です。大阪支店の元支店長であり、私にとっては恩人といえる存在でした。

体調は良くなかったのですが、たぶん「構いません」と答えたのだと思います。その当日の朝に、40度近い熱が出たのです。

故・森藤専務（右）と著者とのツーショット

朝起きて、さすがに「これはあかん」と思いました。でも、同行を断るわけにはいきません。それで朝いちばんに、自宅の近所の病院に行きました。普通であれば休まなければならないぐらいの熱で、体はしんどいし、喉も痛いし。今日一日だけ何とか動けるように、と点滴をお願いして、少し楽になりました。それで本部長を迎えに行って、得意先を何軒か訪問しました。そのうちに、やはりだんだん調子が悪くなっていきます。

しんどいな、と思いながら昼食を食べることになりましたが、もうそれどころではなくなっていきます。うどんなら喉を通るかと思って、うどん店にお連れしました。ところが、普通のうどんを食べるのがやっと。「それだけかお前」と言われて、「朝飯食べ過ぎまして。すみません」と嘘をつきました。

そして、午後の訪問も何とか騙し騙しこなして、午後4時ぐらいの便で東京に帰る本部長を何とか空港まで送っていきましたが、そこから記憶が途絶えます。気がついたら病院でした。誰かに運ばれて、そのまま入院。喉から菌が入っていたということで、思ったよりも重症だったのです。

その数日後だと思いますが、支店に電話で事の次第を報告しました。すると、私が体調が悪いのに無理をしていたのを知っている支店の同僚や先輩は、「ゆっくり休め」と、みんなやさしく対応してくれました。

そして、営業本部長にも電話をしました。すると、えらい勢いで怒られたのです。「体は大丈夫か?」のひと言すらなく、「お前いい加減にせえよ、あの時も実はしんどかったんだろう。うどんも食えなかったぐらいだからな」と。私とすれば、「それでもよく頑張ったな」と言ってほしかったのですが、それどころではありません。「二度とお前とは同行せんからな、一生入院しとけ!」みたいな感じでした。

前に述べたように、私は課長として大きな取引先の数字を持っていましたから、「早く復帰せなあかん」と焦りました。このまま入院していたら支店の業績が落ち込んでしまう、と思ったからです。しかし、結果としては1カ月ぐらい退院できませんでした。

2週間ぐらいたった時に、支店から営業数値の知らせがありました。すると、驚いたことに私が病院にいても、数字がまったく下がっていないのです。

このことは、とても大きな学びでした。それまで私が頑張って数字を上げていたことは間違いないのですが、いなくても下がらない。要するに、誰かが（あるいはみんなが）私の分をカバーしてくれていたのです。「俺がおらんでも別に回るやん」。

考えてみれば当たり前です。私だけが頑張っていたわけではありません。組織というものはそういうものだ、と遅まきながらその時、初めて気が付いたのです。

とはいえ営業本部長には電話で怒られ、会社にとってはいちばんの稼ぎ時である夏、虫ケア用品をガンガン売らなければならない時に、戦力になれない。若くして課長になって、思い描いた通りに出世してきたつもりでしたが、大げさなようですが「自分の会社員人生は終わった」と思いました。

全国で「7人のうちの1人」になった

健康を取り戻し、ようやく退院して出社したのが9月になってからです。アース製薬は10月が人事異動の時期で、異動の内示が9月に出ます。その日、私はたまたま仕事で和歌山出張所にいました。人事発令の日です。

普通であれば大阪支店にいて、朝礼で人事発令を聞くのですが、出張所の所長など3人でその日は聞いていました。

「ここにおってええの？」

「いや、今日はここの仕事だから、ここで聞かせてもらいます」

昇格などあるわけがない、もう自分は関係ないと思っていますから気楽なものです。本部長に怒られたからといって、降格にするほど冷たい会社ではないとも思いましたし。

北海道から順に昇格者の名前が呼ばれていきます。だんだんと下っていって、自分の名前が聞こえました。

「え？　今、私が呼ばれました？」

そう聞くと、和歌山の所長が「おめでとう！」などと言っています。

「おめでとう、って何ですか？」

何が起きたのか、とっさに飲み込めません。

「支店長や。今度から、支店長って呼ばなあかんな」

驚いたことに、私は広島支店長を命じられたのです。

なぜ、肝心な時に病気になった自分が支店長に昇格するのだろう？　腑に落ちない気持ちのまま、そこから営業本部長の森藤専務に電話をしました。

そうすると、例の調子でこう言うのです。

「お前はもう体も弱いからな、現場のバリバリの営業は無理や。だからマネジメントのほうをやれ」

本部長は、言葉はきついですが私の力を買ってくれていましたし、ワンランク上の経験をさせよう、と考えてくれたのでしょう。

支店長となると、製品を積み降ろしたり運んだりという、一線の営業職のような力仕事はなくなりますが、もちろんマネジメントの仕事が楽なわけではありません。大阪の支店長の仕事ぶりを間近で見ていましたから、そのことは理解していました。得意先の経営トップとパイプを太くすることも必要ですし、会食をしたり、一緒にゴルフに行ったり、などという付き合いもあります。

ともあれ入社12年目、35歳という異例の若さで、私は支店長になりました。当時の支店長は7人で、要するに7人の中の1人になった、ということです。病気をした直後でしたし、まったく予想していませんでしたが、会社員ですから、達成感のようなものもありました。

大塚会長に聞く②

「優秀であることは数字が示し、誰も否定しようがない」

Q 川端さんが広島支店長に抜擢されたのは、当時、社長だった大塚会長の意向だったのでしょうか？

そうではなかったですね。当時の営業本部長が決めた、と記憶しています。当時の広島支店は「あそこを押さえておけば、あとは右に倣《なら》えだ」という得意先があって、そのお付き合いだけで終わっていた部分がありました。でも川端くんの場合は、うちが苦手とする販売店であっても足しげく顔を出して、やや手薄だった山口県などでも、優良なドラッグストアを見つけてきたりしました。そのようにトップ営業をしつつ、それを部下にフォローさせていたのです。その辺が、私は非常にうまいな、と思っていました。

Q もう少し具体的にいうと、どういうところが優れていたのでしょうか？

基本的には「人たらし」ですよね。もう相手が川端くんのペースに乗ってしまうのです。付き合っていたら面白いなとか、なんかおもろい話聞けるな、っていうことがあると、「おお、ようきた川端くん！」ということになる。彼は、そういう部分を本質的にもっていると思います。

アース製品を取り扱っていない販売会社であっても、ニコニコして入っていって、あれこれと世間話をするだけで、「あのアース製薬の川端は、なかなかええやつやな」と思ってもらえるのです。そういうところから始まって、世間話の延長で「うちの製品でこんなに売れている製品があるのに、お店入っていませんね？」みたいな話に持ち込む。何だか、いつの間にかペースに乗せられているのでしょう。これは職人技のようなもので、教えられて身につくものではありません。自然に体が動いてしまうようです。

Q

当時から、川端支店長は有望な社員だな、と思っていたのですか？

それはもう、数字が示していますから、誰も否定しようがないですよね。任せておいて安心できますし、そのまま、どんどんやってほしいと思っていました。あとは、トップ同士の関係をうまくつないでくれたらありがたいな、ということです。肝心なところでの商談では、僕に「来てください」と声が掛かるので、広島支店には何度も行った記憶があります。

率先垂範型の支店長として業績を急拡大させる

不意の病気に倒れ、もう会社員人生は終わりだ、とまで落ち込んだのに、驚くべきことに私は広島支店長に大抜擢されました。メンバーの多くが年上という支店で、私は自分が率先垂範で営業に回ることにしました。「やってください」というスタンスではなく、私が先頭を切って動かないと、メンバーのやる気を引き出せないと考えたからです。

そのやり方で、全国の中でも業績が悪かった広島支店を、売上伸び率でトップに押し上げました。そして、これから成果の刈り取りをしよう、というタイミングで、今度は古巣の大阪支店の支店長を拝命しました。ここでは、2つの支店での支店長経験を振り返ってみることにします。

「私が成果を出すから、そうしたら一緒にやってくださいね」

私が支店長になった当時、広島は虫ケア用品メーカーのライバルであるフマキラーの発祥の地だったため、販売店の多くはそちらを向いていました。「ああ、アースさんか、よく来たな」というように最初から親しみを感じてもらえるわけではなく、「アース？　だから何？」というような対応をされるエリアだったのです。

全国の都道府県のうち、47位まで順位があるとすると、広島支店は40位前後に留まっていました。加えて広島支店は周辺の岡山県、鳥取県、山口県、徳島県、愛媛県、高知県に出張所をもっていました。

支店長デビューの条件としては厳しかったのですが、ただ私はここで、「しんどい」

というより、やり甲斐を感じました。それは、元のベースが低いので、やればやるほど業績が上がる支店だからです。

私は率先垂範で、販売店を訪問していきました。本来支店長は管理者であり、メンバーを動かすマネジメントをする立場です。ただ、会社としても、そういう位置づけの支店だから、プレーイング・マネジャーとしてのやり方を認めたのでしょう。「少々失敗してもいいから、若いあいつに行かせよう」ということもあったと思います。逆にいうと、「お前が動いて、業績を伸ばして1位になれよ」という無言のプレッシャーもあったわけです。

そこで私は、広島支店と傘下の出張所のすべてでエリアトップになる、という目標を掲げました。

売上伸び率を指標に、具体的にはチーム営業とトップ営業の掛け合わせで、エリア

広島支店長時代の海外研修での著者

でのポジションを上げていくことを狙いました。アース製薬の支店長というのは、支店でどーんと座って指揮を執る、というのが従来の姿でした。つまり、不動の司令塔というわけです。でも私は、そのような姿勢は取りませんでした。支店を出て、メンバーのみんなと一緒に営業をして回ったのです。

当時、私は35歳で、アース製薬でいちばん若い支店長でした。広島支店の中でも、メンバーの半数以上、7割くらいが年上です。中には15歳も離れた人もいましたから、「やってください」というスタンスではダメだと思いました。そうではなく、私が一緒に動かないとおそらくやってもらえない、ということです。

若い支店長でしたが、ありがたいことに支店の皆さんには温かく迎え入れてもらいました。もちろん、組織のヒエラルキーでは私が上の立場になりますし、評価者になりますから、それが自然でしょう。ただ、本音は別です。やっぱり「お手並み拝見」という部分もあったと思います。

私が赴任した時、支店のムードは沈滞していました。数字が悪いから仕方のないところです。年上のおっちゃん連中は「幾らやっても無駄やで」というムード。「まあ、頑張ってやってみたら？」みたいな感じがありました。

このような諦めムードの空気感を払拭して、みんなのやる気に火を着けるためには、私が自分でやってみることが大事だろう。まずは、それしかない、と思いました。みんなに命じてやらせるのではなく、やってみせる。「私がやって成果を出すから、そうしたら一緒にやってくださいね」ということです。

また、出張所の所長は、皆さん「一国一城の主」という意識で仕事をされている方々です。これもまた、若い私が命じてやらせる、というわけにはいきません。そのプライドを尊重し、リーダーシップは活かしていただきながら、私が掲げる新たな成長目標に乗ってもらいたい。だから、「私に力を貸していただけませんか？」というアプローチをとりました。

そのような姿勢で私の思いをきちんと伝えて協力をお願いしたところ、皆さん「やりましょう！」と応えてくれました。おそらく、支店長として上から目線で話をして

いたら、そうはなっていなかったでしょう。

その一方で、早期に業績を伸ばすために、強権も振るいました。例えば、人事異動です。支店での人事権を握っていましたから。外からスカウトしてくる、などということはできませんが、私より少し年下で、経験があまりない係長くらいの社員を、岡山出張所の所長に任命するなどしました。

広島支店に来て、いきなりそんなことをしましたから、本社からはえらく怒られましたね。「お前、もう支店の人事に手を付けるのか。もうちょっと様子を見てからやるものだろう？」というわけです。

それが組織の常識なのかもしれません。今はそれがわかるのですが、人事権を行使することが間違っているわけではありません。私としては、ゆっくり様子を見ている時間はない、と判断したのです。

広島に来てすぐといっても、支店のメンバーとは全員と1、2回ずつ、一緒に営業訪問していますから、意欲や能力、人柄などは見えてきていました。その上で、自分

の考える適材適所に配置した、ということです。もちろん全部をガラッと変える、というようなことではなく、一部の要所を固めたのです。

ワークとライフは本来つながっている

そんな硬軟取り交ぜたやり方が功を奏したのだろうと思います。メンバーの一人ひとりと話をしながら、やる気や人となりを見極めていきました。「もっとやりたいと思っているのにやらせてもらえない」というような本音をぶつけるメンバーがいるなど、隠れた意欲も見えてきます。そういう形で、適材適所を見極めていきました。

これは今でも変わっていない私の考えですが、社員の顔がわからない、考えていることがわからない、ということではマネジメントは決してうまくいきません。組織の規模感は別にして、すべての出張所を回って社員の顔を見ていくと、何となく人となりが見えてきますし、チームの雰囲気もわかってきます。だからこそ、自分の目で見ないといけないのです。人から聞いた話だけだと、いいことしか情報が入ってこない恐れがあります。

それは小売店の店頭も同じです。店ごとに品ぞろえの傾向がありますし、エリアの中での売れ筋に違いがあることも見えてきます。ですから、いまだにマーケティング部門の社員にも「データだけだと本当のことはわからんよ」という話をするのですが、現場を自分で見る、というのは鉄則だと思います。

私は、「ずっとトップであり続ける」ということを宣言して、広島支店でメンバーを引っ張りました。人口が違いますから、当然のことながら売上の絶対額で東京や大阪などを追い越すことはできません。そこで「売上伸び率」を指標にして、営業を積極展開しました。業績が伸び悩んで士気が下がっている支店メンバーを、何とか元気づける必要がありましたが、それには、成功体験を味わってもらうことがいちばんです。

支店内では飲み会もして、腹を割って話をしました。そんな場を共にして、メンバーがそこで「よっしゃ」とやる気を見せたとしても、次の日には元通りで、動いていない。そういうことがありますから、「私も行きますから一緒に行きましょう」と言って、客先を回るのです。おそらく、当時はそんな支店長はいなかったと思います。

率先してトップ営業、つまり支店長である私自身が販売店の社長を訪ねる一方、担当であるバイヤーとの商談にも顔を出しました。要するに組織の上から下まで接触する、ということですから、当然ですがめちゃくちゃ忙しかったです。支店長になった時に営業本部長は、「お前には現場のバリバリは無理や」と言ったのに、この現実はなんだ、と思いましたが、それは私が自分で選んだやり方です。決してしんどいとは感じませんでした。

とはいえ最初の頃はどこに行っても、けんもほろろな対応でした。支店メンバーの

士気が上がらないのも無理はありません。でも、私が率先垂範で顔を出しているうちに、だんだん耳を傾けてくれる人が増えていきました。また、アポイントを取ろうとして断られると、相手先の会社に行って待っている、みたいなこともやりました。キーマンの自宅まで訪ねたこともありました。個人情報保護の考え方などはまだ一般には浸透していない時代のことです。

例えば、自宅を調べて、ゴミ出しの日の朝に行って、ゴミ捨てする瞬間に相手を捕まえるのです。

「すいません、アース製薬の川端です」
「何や何や」
「話を聞いてほしいんです」

そんなこともやっていました。

こんなふうに、がむしゃらに動いていると、だんだんと話を聞いてもらえるようになっていきます。

そうこうしているうちに、徐々に数字が付いてくるようになっていって、同時に噂も広がっていきました。

「アースの川端というのは、そんなことをやるらしい」と。これは、いい意味での噂です。それで、また可愛がってもらえるようになるのです。


自分がやってみせて、みんなを巻き込んで行動を変容させ、組織を変える。そういう積極的な働きかけによって、私が本気であることは伝わるものです。年上のおっちゃんたちも、やっぱり「しょうがないな」などと言いつつ、やらざるを得ない、ということになりました。自分でいうのはおかしいかもしれませんが、事実として、自分が支店の中でいちばん動いていたと思います。「支店長だから自分は楽をします」というスタンスはまったくありませんし、そのことはみんな見ていますから何も言えないはずです。

これもあまり声高に言うべきことではありませんが、当時の睡眠時間は毎日2、3時間だったと思います。鳥取で取引先を接待して、次の日の朝は高知に飛んで営業に回る、というようなこともありました。もう中国四国のエリア中を動き回っていました。

そこまでした原動力は、もちろん「支店の業績を上げたい」という思いでした。それについては、何より動き回ることが苦にならなかった、というのは確かでしょう。人が好きで、仕事が好きだから、やって当然。結果として業績もついてきます。

今はワーク・ライフ・バランスが重視される時代になりました。もちろん、ワーク・ライフ・バランスは大事なことですが、私はワークとライフは本来、区別できるものではない、とずっと思っています。言い方を間違えるとバッシングを受けるかもしれませんが、ワークとライフは本来つながっているものではないでしょうか。ワークあってのライフではないか、と私は思います。

業績回復のフェーズにおいて、大事なことは成功事例をいかに早く出すか、ということです。どのようにして成功したのか、という道筋をみんなで共有することによって、第二第三の成功が生まれるようになります。広島支店では、そのようにしてだんだん実績が上がっていきました。決してマジックのような、すごいテクニックを使ったわけではなく、一件一件をしっかり積み上げていったのです。

趣味を含めて人との関わりを深めることの大事さ

営業で飛び回るのが苦にならないというのは、人と関わるのが楽しい、というのが私の基本だからです。もちろん営業の仕事ですから、数字を上げるのも楽しいのです。でも、それだけではありません。仕事にはいろんな側面があって、私は数字を上げることも、人と関わることも、どちらも大事だし、楽しいと思っています。

どんな仕事もそうだと思いますが、詰まるところは人間対人間の関わりの中で進んでいくものです。決してコンピューターを相手に商売するわけではありません。真摯《しんし》に人と関わっていけば、必ずわかり合える部分があります。製品を扱ってもらうかどうかは大事なことですが、それだけではないでしょう。広島支店でもそうでしたが、人間対人間の関わりが今より昔はもっとありました。

人間と人間との関わりですから、仕事の話をしながら、そこに趣味の話が交ざってくることもあります。取引先の方に「今度、一緒に釣りに行こうや」などと言われることもよくありました。瀬戸内海がありますから。知らない人が聞いたら「釣りに行くのは遊びじゃないか」となるかもしれませんが、釣りで時間を共有することで、お互いの人となりがわかり合えることもあります。そうなると、人間関係が仕事を超えた感じになっていきます。

このように、この人は釣り、この人は飲み、この人はゴルフ、この人はマージャンと、こういうことになりますから、とにかく体が二つ欲しいぐらいでした。

ただ、そのように遊びの時間も共にしながら、人への理解が深まっていけばいくほど、仕事の苦労が減っていく、ということがあるのです。人とのつながりから情報が入るようになる、ということもありますし、人がまた人を紹介してくれる、ということもあります。数字を作るために無理やり何かを仕込む、というような話ではなく、趣味を含めて人との関わりをつくっていくことで、それが数字にもつながっていくということです。

ここで、私が考える営業の勘所を一つだけいいますと、ゼロから1をつくり出すことがいちばん難しい、と思っています。今は、アース製薬も強いブランド力をもつ製品が増えてきましたが、広島支店長当時は、決してそういう状況ではありませんでした。そこで、初めからあれもこれも買ってもらう、というのは、とてもではありませんが無理なのです。

それで、まず一つの製品をお勧めして、それだけを買ってもらいます。強い製品を

一つだけ、です。これをやってもらうことができたら、強い製品ですから、結果が出るのはわかっています。その一つをやってもらえるかどうかが勝負であり、これが難しいのです。実績が上がりさえすれば、他の製品にも関心をもってもらうことができる。「それなら、やってみようか」という言葉をいかに引き出すか。それができれば、もう勝ちが見えてくるのです。

具体的にいいますと、広島支店の場合はローカル・マーケットですから、東京や大阪のような大都市部とは売れ筋が違います。住宅はマンションではなく一軒家がほとんどですから、虫ケア用品であれば、ワンプッシュ式蚊取りのような製品ではなく、家の周りに撒くタイプの製品が売れます。これは都市部ではあまり売れない製品です。

全国発売する新製品が出ると、本社から支店には、それを拡販するように指示が飛んできます。ところがそれは、必ずしもローカル・マーケットではニーズが高いわけではありません。ですから、指示に逆らうということではなく、方針を受けて、それも「付き合って入れてください」と販売店にお願いはしますが、本来、ここで求めら

れている製品を薦めて、最初の1をつくる、ということをやっていました。わかりやすくいうと、会社の指令でワンプッシュ式蚊取りを売らなければならないけれど、おじいちゃん、おばあちゃんのいる家ではノーマットや蚊取り線香のほうがいい、ということです。

このような市場の特性を踏まえた営業施策によって、広島支店は私が支店長を務めた2年半で、売上伸び率で全支店の中でトップを取りました。もちろん、もともとの分母が小さいということもあるのですが、管轄する出張所も軒並み伸び率上位を占めました。

一度伸び始めると、メンバーもやり甲斐を感じ、その気になります。支店または出張所から必ず全国1位を取る、1位から3位までは広島支店が独占する、と決めて営業をしていました。こういう結果を出しましたから、「しんどいこともあるけれど喜びもある」とみんなが感じてくれたと思います。

このように率先垂範で営業に走り回って実績も上げたのですが、広島支店では組織の在り方についても知らず知らずのうちに勉強させてもらったと思います。営業ですからもちろん数字は追いますし、そのことが仕事のベースになるのですが、やはり支店長という立場上、自分の視点が変わる、ということが随所にありました。

メンバーのやる気を高めるにはどうすればいいか、とか、そのための最適な組織の在り方はどのようなものか、など、成果を上げるためのマネジメントの在り方については考えないわけにはいかなかったのです。そしてそれは、その後の経営実務を支えてくれる経験値になったと思います。

「立場が変われば、言うことも変わるで」

広島支店で3年、支店長を務めたところで、今度は大阪支店を任されることになりました。メンバーの先頭に立って営業の攻勢を掛けて、種をまいて、実りが出始めた

頃に転勤となったのです。

正直なところ、成果を刈り取るところまでやっていきたい、もうちょっとさせてよ、と思いました。

エリアのシェアは伸ばしましたが、まだトップではありません。指標にした売上伸び率では、ずっとトップを取り続けていました。

ただ、その時は、大阪支店のほうが広島支店より厳しい状況でした。そこで広島を改善させた後、次は大阪支店を改善せよということです。

私は、基本的には組織の大小というのは関係ないと思っていました。売上でいうと東京支店がトップで、大阪支店が2位。支店の規模でいうと当然ながら広島より大阪のほうが大きいですから、大所帯のところが偉く見えるかもしれません。でも、私はフラットだと考えていました。だから、基本は広島でやっていたことと変わりません。

ただ、そこに一つプレッシャーがあったとすれば、自分が大阪支店にいたことがあ

る、ということです。新入社員のペーペーの頃から、病気で倒れるまで大阪支店にいて、自分をよく知る先輩も多かったのです。

それでも、いい意味で「立場が変われば、言うことも変わるで」ということを私は正々堂々と宣言したいと思いました。それは偉そうに指示をする、ということではなく、言わなければならないことははっきり言う、ということです。実際に、リーダーとして絶対そうなるのがわかっていました。ただ、言わざるを得ないことといえ、それを先輩方に言う、というのは、まあ、なかなか抵抗はあるものです。わずか3年前には同僚だった人たちのリーダーになる。得意先についても同じです。かつて現場でやっていた時と態度を変えて、突然、偉そうにものを言うことなど、できるものではありません。

大阪支店でやったことは、基本的には広島と同じで、私自身が先頭に立って営業訪問をすることによって、メンバーのやる気に火を着けるということでした。

大塚会長に聞く③
「大阪支店を立て直せるのは川端くんしかいない」

Q 広島支店長から、次は大阪支店長として異動されます。この人事は、大塚会長が決めたのですか？

それは私です。その後、役員待遇にしたのですから。その細かな経緯は覚えていませんが、その頃には私の腹は決まっていたとは思いますね。後継者の最有力候補ですよね。当時、川端くんは36、37歳やったんかな。

Q その時、川端社長に期待されていたのはどういうことだったでしょうか？

業績の立て直しです。大阪支店は東京に次ぐ、第2の支店ですから、全社の経営に与えるインパクトが大きいのです。マーケットにおいてアース製薬の存在感が薄かった広島支店で業績を伸ばしたのですから、ここは川端くんしかいない、と思いました。

Q それほど支店長としての手腕が優れていた、ということですね？

前に川端くんは「人たらし」だと言いましたが、小手先の営業テクニックではなしに、人間力で味方を増やすということが個性なのだと思います。相手に「一緒に仕事をやりたい」と思わせる。そういう雰囲気にさせるんじゃないでしょうか。彼と一緒にいると自分が高められる、勉強になる。たぶん、いろいろな情報をもっているし、当然付き合いも広いですから。で、いざとなったら頼れるかもしれないし、「付き合って損のない男だ」と思わせますよね。

私は不器用だから、そういうことはなかなかできなかったですけど、本当に不思議な力だと思います。「この人は僕のことをいちばんに考えてくれている」と、みんな信じてしまうわけです。小売業も会社同士で競っていますから、「あいつのところへ出入りしてる業者なんて会いたくない」などということが当然あるはずですが、川端くんの場合は全然違いますからね。ライバル企業のどっちからも信頼されるという、そういう人材はなかなかいないと思います。

着任してすぐに事務所の移転を決めた

広島でも大阪でも、もちろん、異動で人を入れ替える、優れた若手を抜擢する、ということもありましたし、いろいろなことを変えたことは確かです。ただ、変えればいい、というわけではないことも事実で、現状のままでいい、ということもたくさんあるわけです。そこを勘違いするべきではなくて、常識を覆すようなことばかりをしなければならないというわけではありません。

変えることと変えないことの見極めをしっかりするべきだと思いますが、ただスピード感は必要です。**スピードに勝る営業付加価値なし**、というのが私の考え方で、「まあ、そのうちそのうち」などと言っていたら、そのまま終わってしまう恐れがあります。だから、やるべきことを後回しにするのが私は嫌いです。

そんな考えから、大阪支店では、着任してすぐに事務所の移転を決めました。もともと私が大阪支店にいた時から事務所が狭くて汚いのが嫌で、みんな「替えてほしい」と言っていたのです。でも、「その分の利益が出てからや！」と上から言われ、その場所から出られずにいました。

私は、大阪支店長を命じられた瞬間に、事務所を替えよう、と決めたのです。まだ、支店長として何の実績も出してないのに。それで、たまたまいい物件があって、すぐに契約しました。着任した翌日ぐらいのことです。

それで、例の森藤専務に電話で、その旨を報告しましたが、案の定、またしても怒られました。広島支店では実績を出していましたし、文句を言われることはないだろう、と思ったのですが。

移転後の大阪支店のオフィスの中

移転前の大阪支店のオフィスの中

「事務所を移転したいんですけど」

「ええ？　どういうことだ」

「狭いし、これではみんなのモチベーションも上がらないので、せめて環境ぐらい整えたいんです」

「お前はアホか。そういうことは、数字を上げてから言うもんやないか。いつ大阪に赴任したんだ？」

「いや昨日です」

「アホかよ」

「いや、数字なら上げますから、いいじゃないですか」


そんな会話がありました。

結局は認めてもらえましたし、基本的には私のことを理解し、評価してくれているのです。

でも、こういうことは、普通はみんなやりません。怒られるのが怖いからです。で

も、私はそういうことは、まったく平気でした。広島支店でいきなり人事異動をした時と同じで、それが会社のためになることであれば、積極的にやるべきだと思うからです。

一方で、大阪支店のメンバーに対しては、「な、言われた通りにやったからな。だから君らもやらなあかんぞ」とプレッシャーをかけました。口だけでなく、こちらが行動で示してメンバーの希望をかなえたのですから当然です。

その後、森藤専務は、「コクヨに知り合いがいるから」などと言って、事務所の引っ越しや環境整備に口を挟んできました。結局、そういうことを楽しんでいたのです。

業績を回復させるためには成功事例をいかに早く出すか

大阪支店は、私が支店長になった時には虫ケア用品のシェアが50%なかったと思います。名古屋や東京のほうが先行していました。傾向として、東に行けば行くほどシェアが高かったのです。ですから、とにかく50%をめざして、営業の基盤を固めるために率先垂範しました。

アース製薬の支店長は「支店でどーんと座って指揮を執るもの」と前に述べました。私はそうではなく、支店長という管理者であっても「現場主義」が大事であると考え、それを実践しました。

社長になった今でも全支店を回りますし、工場にも研究所にも足を運びます。これ

も前にいいましたが、また聞きではなく、自分で直接、情報を得たいからです。営業はもちろん、マーケティング部門であっても、現場に行って直接、話を聞いてほしい、と私は考えています。自分の目で見て、耳で聞いて、自分でどう感じるかが大事だと信じています。

大阪の場合、広島と違って、マーケットのサイズが東京に次ぐ大きさでした。また、広島の場合は、社員に成功体験が少なく、競合も強い状況でしたが大阪ではそこまではありません。だから、わかりやすくいうと刺激のしようがありました。やってくれているところとやってくれてないところの差が歴然と違っていましたから、ターゲットを絞って一社一社に製品を入れていく、というところから始まりました。

広島も同じですが、私が率先垂範する、というのは、自分でやるほうが手っ取り早い、ということもありました。本当は、良くないことだとは思います。ただ、業績を回復させるためには成功事例をいかに早く出すか、という勝負だと思っています。最初の数カ月で、趨勢《すうせい》が決まるのです。だから率先垂範したわけですし、成功事例ができて、プラスが生まれるようになれば、空気が変わり、みんなの気持ちが盛り上がっていくのです。

二度の支店長経験は、プレーイングマネジャーとして自分で実績を出しながら、それによって周囲の見方も変わって、みんなの士気も高まっていく。そして、結果として数字もついてくるから、マネジメントの能力も向上していった、ということだっただろうと思います。

このようなやり方で、大阪支店の業績は回復していきました。そして結果的に、私は3年で大阪支店長から、また異動することになります。短い期間でしたが、シェアは伸ばすことができましたし、営業の基盤づくりはできたのではないかと思います。現在でも大阪支店は高いシェアを維持しています。

「俺って言うたよね。マジ？」

ところで、この大阪支店長だった時に、私にとって驚天動地の出来事がありました。当時の大塚社長から、社長就任を申し渡されたのです。それは、まったく予想もしていなかったことでした。

もしかすると、どのようにして社長抜擢を告げられたのか、関心がある方もいるかもしれませんので、思い出しながら書いておこうと思います。

その時は大塚社長が参加するゴルフの会合があって、その会場に呼ばれました。土曜日だったと思いますが、運転手として送迎もしました。

行きの車の中でも、社長が何か話したそうにしていることは感じていました。でも、そのままゴルフ場に行き、プレーして、帰りもお送りすることになりました。

それで、次の行き先が、会合があるというホテルニューオータニで、そこまでお送りして、私はお役御免だろうと思いました。

ところが社長は「10分か15分ぐらい、かまへん？」と言われるのです。珍しいことを言うな、と思いました。そんなことは、かつてなかったことですから。

私としては土曜日でもありますし、早く解放してほしい、と思いながら車を止めに行きました。「1階のラウンジでお茶でも飲んでいるから」と言うので、ラウンジに向かいました。

社長はモンブランのケーキセットを頼んでいましたね。

こういうときは、経験からいっても、まあろくなことはありません。私としては、何か怒られるようなことがあっただろうか、などと考えながら、黙ってお茶に付き合っているわけです。

そうすると、その時に「俺が社長を辞めるのは知ってるやろ？」と話が始まりました。退任する、ということは社内で公言されていましたから、もちろん知っています。

「はい、そう言われていますよね。もう言われていた時期が迫っていますね」

もしかしたら、ここで後任は誰かのようなスクープネタみたいなのが聞けるんかな、などと思いました。

そんな微妙な時間が過ぎる中、社長が「お前やってくれよ」と言うのです。

一瞬、何を言われたのかわかりませんでした。

社長は、そこから矢継ぎ早に言いました。

「全然大丈夫や、何の心配もいらん。創業家の根回しも全部終わっているし、（先代社長である）親父にももちろん終わっている。アース製薬の役員たちももちろん俺に反対しない」

それはまるで、私にノーと言わせないためのようで、口を挟む余地はありませんでした。

カチン
コチン
社長に呼び出されるて何かしでかしたやろか？
先に謝っといたれ
すんませんでしたぁ〜
社長をやって欲し…
えっ？
誰に？
おまえや！
こいつなんかやらかしとるんか？

「あれちょっと待って、いや俺って言うたよね。マジ？」

私はやや頭が混乱した状態でした。

まさに青天の霹靂。さすがに後任の社長が自分であるとは思っていませんでした。

現実的に、大塚の名前を持っていない人が社長になるということは、あるはずのない会社です。

もちろん、面と向かって私に話をされたのは事実ですが、これから気が変わるということもあるかもしれませんし、誰も信じないだろうとも思うし、まあとにかくここにいてもしょうがないから帰ろう、と腰を上げました。

会合に向かう社長を見送ってラウンジを出ようとしたら、店の人に「お金払ってください」と言われるオチがつきました。

大塚会長に聞く④
「決して敵をつくらない。逆に味方にしてしまう」

Q 社長登用の決め手は何だったのでしょうか？

最終的には、川端くんが人間的に魅力があったということだと思います。それは私だけではなく、他のお得意様からの評判も非常に高いですし、珍しいことだと思いますが、ライバル企業からも好かれるという能力をもっている。みんなから川端、川端と言って可愛がってもらえるキャラクターです。決して敵をつくらない。逆に味方にしてしまうのです。

もちろん人間的な魅力と経営の手腕とは別のものですが、支店長としても結果を出していましたから。

Q ホテルのラウンジで社長就任を告げた、と伺いました。

僕が別に川端くんのところにわざわざ行ってまで言うことでもないし、といって

電話で言うことではないなと思いながら、たぶん機会をうかがっていたんだと思います。それで、たまたま一緒にゴルフへ行く機会があったので、そこで言った、ということです。いつ言ってもよかったんですけどね。

Q 次の社長に関して、どなたかに相談はされたのですか？

相談というわけではありませんが、親しくさせていただいていた大手卸売会社・PALTACの当時の三木田國夫社長には話をしました。誘われて食事をした時に、「次、誰にするの？」と聞かれて、「うん、いや、川端くんにしようと思っているんですけど」と言いました。そうしたら、「それはいい。いい人に目つけたな、見つけたな」と言ってくださいました。言ってみれば、その言葉で後押しをしてもらった形です。

Q ただ、大塚会長も当時はまだ若かったと思いますが、なぜ、そんなに早く引き

継ごうと思われたのでしょうか？

やっぱり疲れたってことですね。経営トップには体力、知力、気力、すべてがいりますからね、それをもう15年続けて、だんだん気力がついていかなくなりました。そろそろ社会のために活動しようとも考えましたし、そちらに関心が移っていった、ということです。

Q 川端社長はあるインタビューの中で、「会社を変えるために、自分を選んでくれたんではないか」と言われています。それは当たっていますか？

周りの環境に合わせて、対応していく。温故知新ですよね。古きを知り、それを大事にしながら、やっぱり新しいこともやってみるのは企業の成長には欠かせません。だから当然、変わらざるを得ない。いろいろな候補を頭の中で思い浮かべた記憶はありますが、そんな変化のリーダーシップを取れるのは、川端くんしかいないと思いました。

またしても異動を命じられる

率先垂範のやり方で大阪支店の業績は上がっていきました。そして、いよいよシェアで東京を抜くか抜かないか、「よっしゃ抜くぞ！」というタイミングで、またしても異動を命じられました。

いつもそうなのですが、成果の「刈り取り」をするところまでは、会社はやらせてくれません。それは他に任せて、お前は次の畑に行け！　というわけです。もちろん、種をまいて、ゼロから1をつくり出すことのほうが難しいものですし、会社からはそれを期待されていたのだと思います。刈り取りなら誰でもできる、とは思いませんけれど。ただ、転がり出すまでの石は重いし、動かすのは大変なのですが、一旦転がり出すと、そこからは速いのです。「アースの製品がいいらしい」という噂が噂を呼んで、情報が広がっていくようになるからです。

ですから、「刈り取りまでやらせてほしい」とその当時は感じましたが、会社の決定は正しかった、と今なら理解できます。今の私は社員に異動を命じる立場ですが、やっぱり同じことをします。「これだ！」と認める人材には、そういう重い石を動かすような仕事、ハードルの高い仕事しかさせたくありません。

さて、大阪支店長から異動を命じられた先は、ガーデニング戦略本部でした。それまでずっと虫ケア用品をはじめとするメイン商材の営業を担当し、その業績によって支店長にまで昇進したのですが、ガーデニングはアース製薬にとっては非主流のジャンルであり、会社の中では売上が小さい事業部です。

同時に私は取締役になりました。経営の一翼を担うわけですから、会社員として上り詰めたという達成感はもちろんありました。しかし、担当するのは売上が小さかったガーデニング事業です。それまで一貫して営業として、すべての製品を扱い、シェアを伸ばす仕事をし続けてきた私にとって、製品開発から営業、マーケティングまで

責任を負って受け持つのは未知の体験です。

もちろん、そこに社長の意図があるとしても、抜擢されたようでありながら、敗戦処理を任されたようでもあり、とても矛盾する思いを抱えながら、複雑な心境で着任しました。

Column

川端式、コミュニケーションの極意

本文中で「人と関わるのが楽しい、というのが私の基本」と書きました。今でもそれは変わっていないと思います。

ただ、この対人コミュニケーションが難しい、そこに課題を抱えている、という方が多いようです。何も難しいことはないと思うのですが、ここで私自身がどのように考えて人と接しているかを書いてみたいと思います。

人とうまくやっていくコツ、というのは、私にはよくわかりません。対人関係をノウハウやテクニックで考えたことがない、という意味です。

人に会う会わない、ということ以前に、休みたいと思わないし苦にならない、ということはあります。働き方改革の時代ですから誤解を避けるためにいいますと、私も休むときは休みます。当然です。でも、もし私に会いたいという方がいて、私の時間が空いていたら、土曜日でも日曜日でも会います。それはコツでもノウハウでもありませんが、そのように相手の希望をかなえる、ということが大事なのだと思います。誘ってもらえることは、ありがたいじゃないですか。そのうち誘ってくれへんようになるからね。それがいちばんつらいと思います。

人と関わるのが楽しい、といっても、苦手なタイプは、私にもいます。決してゼロではありません。でも、周りの人が「あの人苦手やろ」っていう人でも、僕はあまりそう思わず、「え、そう?」ということが結構あるんです。細かいところが気にならない、ということかもしれませんが、どちらかといえば、鈍感なのかもしれませんね。

あえて人のいい面に目を向ける、ということもありません。正面から向き合えばいい、ということです。先入観をもたない、ということはあるかもしれません。

何か意図して振る舞うということはなくて、割とこのままの感じです。

少し違う話になるかもしれませんが、営業訪問したら、必ず相手に会って帰るようにしていました。これは昔からそうなのですが、例えば、小さな薬局などで、ご家族が夕飯を食べているときでも、声をかけて帰ります。これはテクニックなどではなく、そうせずにいられないのです。

会議中であっても、ドアを開けて挨拶をすることを何とも思いません。

「社長は、いてはる？」

「社内で会議しています」

「どこでやってんねん」

会議室を教えてもらったら、ドアを開けて勝手に入っていきます。おとなしく待つ、ということはありません。

「えー、どうしたんですか？」

「いやもう、顔を見ないと帰れませんやん」

そうして、挨拶だけして帰るのです。

そんなことをするのは珍しいと言われますが、私はそういう性分なんです。相手に自分を印象づけよう、などということではなしに、勝手に帰るのが気持ち悪いで

こんにちわ〜
社長いらっしゃいますか？
いま会議中なんですよ
会議室
ガチャ
あ…だからいま…
ワハハハ
もう！社長に会えんかったら寂しすぎますやん

すし、そうしないと気が済まないのです。

最後に、これもまたコミュニケーションのノウハウというより、私の流儀といえるかもしれませんが、人と話をするときに「計算をしない」ということがあります。

一例を挙げると、アース製薬の入社式で、自分の経験上、新入社員だった時の社長の話なんて「1ミリも覚えてへんから」と言いました。あまり飾ってもしょうがないし、正直なところを言えばいい、と思っているからです。

入社式で、今は燃える気持ちでいるかもしれないけれど、辞めたくなるときが絶対にあるし、私自身、辞めようと思ったことがある。でも一つ言うと、辞めてもしょうがないよ、と。

会社で働いていくと、いろんなことがあるものです。「隣の芝生はよく見える」ということもあるでしょうが、どこに行っても変な先輩っておるからね、と。辞めようかなと思ったときに、こんな話をチラッと思い出してくれたらいいわ、と言いました。

あまり取り繕ったり、計算したりしても、相手に言いたいことが伝わるとは思えないのですが、いかがでしょうか。

第3章

大塚社長から
バトンを受け継ぐ

大阪支店長に続いてガーデニング戦略本部本部長を命じられましたが、入社以来、営業職一筋で突っ走ってきた私にとって、一事業のマネジメントを任されるのは初めての経験でした。しかもガーデニングは会社にとっては売上の小さな事業であり、マーケットでの競争力が極めて弱い部門でした。同時に取締役にも選任され、事業の再建を託されました。このように開き直らざるを得ない状況で、私は戦略本部のメンバーと共に新規製品の開発に着手しました。

新規に集めたメンバーだったから負け犬根性はなかった

ガーデニング戦略本部本部長を拝命した時、同時に取締役になりました。ですから、初めての事業部門での部門長と取締役という、二つの新しいことが一緒に来たことになります。

取締役に選任されたことについては、ある種の達成感がありました。会社員としては、やっぱりめざすべきところだと思っていましたから。だから、「自分がボードメンバーになるのか」という感慨はありましたけれど、本心をいうと、私はあまり肩書には興味がなかったのです。もちろん責任の重さは感じますし、期待に応えたいという気持ちもありましたが、思ったほど喜びみたいなものはありませんでした。

そのことよりも、自分としては会社から「ガーデニング事業をやれ」と言われたことのほうがショックであり、複雑な気持ちでした。

なぜ複雑なのかというと、ガーデニング事業がアース製薬にとって売上の小さな事業だったからです。虫ケア用品も入浴剤も事業本部になったことはありませんが、ガーデニングだけ本部という形でわざと切り出しているのです。いわば「会社の中の会社」という特別席のような形態です。

当時の大塚社長としては、私に「小さい経営者経験をさせよう」という意図があったのだと思いますが、その時は、そのようには感じていませんでした。正直なところ「不本意な異動だ」としか思っていません。なぜかというと、ガーデニング事業は、当時お荷物の事業だったからです。

それまで支店でもガーデニングのカテゴリーの製品を売ろうと取り組んできました。でも、実際のところ、とても苦戦していました。虫ケア用品、入浴剤、芳香剤と、いろんなカテゴリーがある中のいちばん売りにくい製品だった、ということです。販売店でも「いらんで！」と言われるような製品でした。

経営者の経験をさせてくれるとしても、「もっとやりやすいものはないのか？」というような暗い気持ちになりましたし、そのために、取締役になったとはいえ「もう、この先には行けんのかな？」という感じがありました。

アース製薬のガーデニング事業は業界で後発でもありましたし、これといって特色のある製品もありませんでした。営業の立場では「それでも何とか売ってください」というものしかなかったのです。そんな状況ですから、本部長というのは「しんどいな」ということだったのです。

「試されている」ことは感じながら、厳しいスタートだと思いました。

ただ幸いだったのは、事業部のメンバーが全員、新規に集めたメンバーだったことです。総勢15人ぐらいでしたが、営業や研究開発など、みんな他部門で経験を積んできたメンバーでした。「幸いだった」というのは、要するに、みんなガーデニング事業に携わっていたわけではないから、負け犬根性がないのです。つまり、マインドセットを変える必要がありませんから、そこはスムーズな発進が可能だった、ということです。ただ、私と同じで、「この事業は大丈夫かな」と、みんな思っていたのですが。

だから、みんなで開き直らざるを得ない、ということだったのです。

私が最後の切り札

当時の大塚社長には、「ガーデニング事業を、お前に預けるから」と言われていました。会社としては、事業を再建して収益の柱にする、と対外的にも発表しています。「お前にできないとは思っていないが、あかんかったら諦めるから」と言うのですが、発表してしまっている以上、簡単に諦めるわけにはいきません。まあ、「あかんかったら諦める」とまで言われれば、「できない」などと言うわけにはいきません

し、何とかしてやろう、と思うものです。

言ってみれば、この事業にとって私が最後の切り札、ということだったのでしょう。そんな状況だったために、各部門から優秀なメンバーをそろえました。素人集団ではあるけれど、みんな置かれた状況がわかっていましたし、私も営業でキャリアを積んで、若くして支店長として業績を上げた実績があります。そんな私がここに来ているということは、会社としてこの事業を本当に収益化しなければならない、決してお荷物部署などではない、というメッセージになったと思います。

とはいえ、最初の頃は、再建に向けてみんなで盛り上がりはするけれど、「何をすればいいんだ？」と戸惑うばかりの毎日でした。事業部に特別な「剤」があるわけでもないしな、などと言いながら、まあ家に帰ったらどうしようかと悩み、でも会社に来たら暗い顔はできません。会社からの期待も何となくひしひしと感じます。いわば私たちは「特命部隊」のようなもので、社内では「何かやるんちゃうか？」と思われています。そんな感じのスタートでした。

大塚会長に聞く⑤
「社長就任へ向けた最終チェック」

Q　川端社長をガーデニング戦略本部本部長に任命したのは、社長登用のテスト的な意味合いもあったのでしょうか？

そうです。社長研修みたいな感じですね。そのつもりでガーデニング部門を任せる、ということは、役員会、常務以上が出る経営会議でも、はっきり言っていました。

Q　川端社長は、それまでとは違う事業を経験されたことになります。

川端くんは、ずっと営業をやってきて、他の部門の経験がありません。ガーデニング戦略本部は研究開発、工場、経理部から、すべての機能をもつ、小さな会社のようなものです。その中で、うまく各部門に対してリーダーシップを発揮できるかどうかという最終チェックのために、ガーデニング部門を任せて1年間様子を見た、ということです。

やっぱり、社長になるには、そういう準備期間が必要だろうと思っていました。私自身の場合も、大塚製薬からいきなりアース製薬に移り、会社の中身を知るのに半年以上かかりましたから。

Q どんな経験をしてほしいと思われたのでしょうか？

事業部という小さな会社で、みんながどんな仕事をしているのか、どういう考え方なのか、組織の風土のようなものも理解した上で、指示を出してほしい。トライ・アンド・エラーをしてほしい、と思ったのです。

自分たちがアイデアを考えた製品などもそこで開発すれば、市場投入までもっていくいろんな過程を見ることもできます。少しでも、そういう経験を積んでほしいと考えました。

結果的にはヒット製品も出しましたし、わずか1年で成果を上げてくれた。それで、もう大丈夫だなと思いました。

業界の常識を覆す「非農薬」の除草剤の誕生

精鋭のメンバーが集まり、期待の大きさもひしひしと感じて、「やるしかない！」と気持ちは高まっていました。ただ、問題は「戦える製品」がまったくなかったことです。そんな状態では仕方がないので、新メンバーで製品会議を繰り返しました。

旧メンバーでは独自の製品開発に着手はしていたのですが、どんなに頑張っても市場に投入するには1～2年くらいはかかります。その時間を短縮することは技術的にできません。

そのような本格的な開発はそれとして進めながら、一方では即効性も必要です。そんな時に、それまでに検討はしたものの「ボツ」になっていた製品企画の中に、非常に質の良いものがあるのに気がつきました。

それは、食品原料を有効成分として使ったもので、化学的な除草成分を使わない除草剤でした。それを知って「おお、ええな!」と思ったのですが、製品化するにはネックがありました。成分そのものは、他社が先行して農林水産省への登録を行っているものだったからです。

除草剤は、業界の常識では何年もかけて農薬としての登録を行わないと売ることができないのです。とても良い製品になりうることは明らかでも、それでは諦めるしかないか、と議論は終わりそうになりました。

私は、ここに疑問をもち、みんなに聞きました。

「登録取れてる取れてへんの話にもう一回戻るけども、ちょっと素人だから許してね、変なこと言うで。登録取れてなかったら売ったらあかんってこと? リーガルに引っかかるってこと?」

それに対して、研究開発部門から来たメンバーが、「売れないことはないですよ」と言うのです。

「法的に違反というわけではありません。登録を取らずに販売するという例が、業界にはあまりない。常識、非常識の話です」

要するに、農薬としてではなく「非農薬」という形で世に出せば、売れないことはない、ということなのです。これは、常識にとらわれていたら、気がつかなかったことでした。

農家にとって、農薬はないと困るものです。だから、決して「悪いもの」ではありません。ただ、一般消費者にとっては、良いイメージがありません。逆に、野菜でも「無農薬」と銘打てば健康に対するイメージが良く、それ自体が付加価値になります。ところが家庭園芸で使う除草剤について、他社はみんな「農薬」として販売している。それだけに「非農薬」の除草剤にはメッセージ性も強く、差異化のチャンスといえるのではないか。

そのような議論があって、「ボツ」にされていた製品が陽の目を見ることになりました。藁《わら》をもつかむ思いで、粘った結果だったと思います。

ガーデニング戦略本部本部長になって、初めて開発したこの製品を「おうちの草コロリ」と名付けて売り出したところ、結果として大ヒット製品になりました。

業界の常識を覆すわけですから、社内から、あるいは販売店から、いろいろな意見ももらいました。ただ、最後はお客様が決めることですから、「自分が責任を取る」と言い切って製品化に踏み切りました。パッケージを決めて、製品名を考えて、本部長になってから1年ぐらいで上市したと思います。

最初は、扱ってくれる販売店は少なく、営業部員は苦労しました。でも、それまでにはなかった「非農薬の除草剤」ということで、お客様には価値を認めてもらえますから、扱ってくれた販売店では実績が出ます。その評判が、だんだん広がっていったのです。

製品開発にあたって私がメンバーに言ったのは、市場に対するメッセージ性があるということと、消費者の認知度を広めるためにも「面白さ」や「楽しさ」を感じさせる、ということです。

例えばですが、製品100個のうち一つは「ハート型」のものを入れてみる。そんなわずかな個数のために「型」をわざわざ作るなどというのは無駄なように見えますが、開発が必要なわけでもありませんし、「話題になるやんか」ということです。

「おうちの草コロリ」を開発することができたのは、私たち素人集団が常識にとらわれなかったからではありますが、それしかやりようがなかった、というのも事実でした。でも、それが良かったともいえますし、開き直った結果、それがいいように転んだ最大の事例だっただろうと思います。尤も、製品が成功したから美談として語ることができますが、失敗していたら「アホか」と言われるような話かもしれません。

成功体験はゼロだったが「勢いがつきだすとすごい」を体現

初めて経験した製品開発には、とてもやり甲斐を感じました。何しろ、成功すれば会社の利益に直接的に貢献できるのですから、できたものを販売店に売り込む営業の仕事とは、違ったモチベーションが湧きます。

ネーミングも、みんなでああでもないこうでもない、と考えました。「○○コロリ」というのは社内では他の製品でも使っていましたから、これでいこう、と決まりかけたものの、相手は害虫ではないのでイメージが良くないかもしれない、という意見が出ます。最後は、単純に効能が伝わるからいいだろう、ということになりましたが、多少とも柔らかい雰囲気を出そうという意見を反映させて「みんなにやさしい　おうちの草コロリ」としました。

同じ発想で、パッケージについても「やさしい感じにしたい」ということから、赤ちゃんと家族の絵をつけようとか、動物の絵をつけたらどうかなど、これまたああだこうだと意見を言い合いながら決めていきました。

容器についても議論がありました。それまでアース製薬が販売していた除草剤は、農薬が入っているだけでなく、ボトルが大きくて重いので、撒くのがかなり大変でした。そこで、新規製品と合わせて、既存製品についてもボトルをすべて変えることにしました。

これもまたみんなで話し合いながら、「いっそジョウロの形にすれば使いやすいのではないか」という意見が出て、開発してみました。すると、やっぱり使いやすいのです。それで、この部分を「ジョウロヘッド」とネーミングして、その後の製品はこれに統一するなど、まさに一つ一つ手作りで、進めていきました。

このような製品についてのアイデアの出し合い、話し合いは、支店では経験したことありませんでした。「製品は、こうやってできていくのか」と初めて実感することができ、それは以後のビジネスを経営者としてマネジメントする上でも活きていると思います。

販売促進のためには製品パンフレットも大事ですから、「パッと開いたらオルゴールのように音楽が流れる」とか「飛び出す絵本みたいにしよう」とか、本当に常識にとらわれず、いろいろなことを試しました。

アース製薬の宣伝や販促は、その後、ユニークなアイデア、ユニークな表現で話題になることが増えましたが、それはガーデニング戦略本部での取り組みが全社に波及していったものだと思います。

このようなことが成功体験になり、ガーデニング戦略本部のムードは良くなっていきました。もともとみんなやる気はあって、決して後ろ向きなことを言うメンバーはいませんでした。ただ、いかんせん成功体験がゼロだった、ということ

発売当初のパッケージ

です。不安も抱えながら試行錯誤をするわけですが、だからこそ勢いがつきだすとすごい、ということを「おうちの草コロリ」によって実感しました。

このようにしてガーデニング戦略本部は、本当の意味での「特命部隊」になって、後になると「あの部署に行きたい」という人気の事業部になりました。「お前であかんかったら諦めるから」とまで言われてのスタートでしたが、「事業を再建して収益の柱にする」という社長のメッセージを実現することができた、といえるでしょう。

「みんなにやさしい　おうちの草コロリ」を開発してみてわかったことは、やはり非農薬であることによって、消費者の方にすごく良いイメージを訴求できたということです。「前例がまったくない」などということは問題にならないのです。

おそらくこれは、調査会社のデータからは生まれなかった製品だと思います。マーケティング・データに従うのであれば、世の中に存在しない「非農薬の除草剤」は、絶対に生まれなかったはずです。だけど、私たちは、誰もが気が付かなかった視点から、市場の「隙間」を見つけて、「確かにニーズがある」ということを発見したのです。

それから、ガーデニング戦略本部では、いろいろな製品を作りました。「製品には楽しさを付加しろ」と必ず言いましたので、肥料に芳香剤を混ぜて、それを観葉植物に使うといい匂いがする製品とか、話題性があるようなモノづくりに注力しました。

私は製品開発については素人ですから、プロの目から見たら実現不可能なアイデアもあったと思いますが、モノづくりの楽しさは、十分に経験することができました。そのような試行錯誤も経て、ガーデニング事業は当時の数億円規模から、今では50億円を超える規模になり、会社を支える存在に成長しました。その原点になったのは、農薬を使わない除草剤にあったのだろうと思います。業界の非常識を常識にする、というインパクトがあった製品で、今では他社も含めて非農薬の除草剤は当たり前になりました。

ガーデニング事業の立て直しに成功した、ということは、つまり大塚会長から課された「最終試験」に合格した、ということです。２０１４年3月、私は代表取締役社長に就任しました。

Column

★花いとし、野菜うまし、いろいろな植物つよし
パッケージの文字を書かせてもらいました

２０２２年１月から販売を始めた「花いとし１０００㎖」「野菜うまし１０００㎖」は、どちらも園芸用の殺虫殺菌剤。前者は幅広い花・観葉植物・庭木の病害虫に使え、後者は野菜・果樹の病害虫に使えます。園芸人口は、コロナ禍を通して増加しており、両製品はそのニーズにマッチして、好評を博しています。

このパッケージに書かれた製品名「いとし」「うまし」の字は、実は私が書きました。製品にとって、パッケージは大事です。手に取って、気に入ってもらえなければ、製品は使ってもらえません。その最初の関門がパッケージです。こういうものは通常は書道家などの著名なプロに書いてもらうものですが、この製品についてはマーケティング担当者から依頼されて、私が書くことになりました。「誰が書いたかわからないけど、なんかおもろい下手くそな字やな」

インパクトの強い筆文字によるパッケージが良いだろうという考えから、
私自身が筆を執らせていただいた。右の写真が製品化したもの。

もう常識とか普通とか気にしとったら仕事になんてなれへんで！
新製品のラベル社長に手書きで書いてもらえませんか？
社長の字は味があってええんですわ！
よっしゃ
みんながやって欲しいことなら何でもやるぞ！
シャコ
シャコ
オレの字が世に出るんか…
字がうまく書けない…

「これ何?」みたいな面白さがあるかもしれません。

流通に対しては「うちの社長が書いたんですけど」と営業の社員が話題にすることができるかもしれない、と考えました。

ある得意先からは、「川端さん、このガーデンの製品、これ直筆で表のパッケージを書くことで力が入ってるっていうことがよく伝わるわ」と言われました。実は、そこまで考えていたわけではないのですが、そういう受け取り方があるのなら、私が書くことにも意味があるのかな、と思いました。

2023年1月に発売したシリーズ製品『いろいろな植物つよし　粒タイプ／スプレータイプ』でも、私が書道三段の腕を振るっています。

大塚会長に聞く⑥
「メーカーの地力は何といっても製品」

Q 会長が社長に就任されたのも若い時だったと思いますが。

私は37、38歳で代表権をもちましたが、その時も、先代社長だった父は入院したりとかで会社に来なかったですからね。役員会なんかも、ほとんど私がやっていたようなものです。

振り返ってみると社長の息子として、まるで社長みたいな感じで振る舞っていたのでしょう。その時はすごく反発がありました。もちろんビジネスは競争ですから、「1分でも1秒でも速く」とか、「製品のグレードを他社より上に」というように、とにかく要求を満たそうと思って、一生懸命、尻を叩いていたんですね。やっぱり肩書きがない身で偉そうなことをすると、叩かれるんです。いろんなことがあって、親父からお目玉を食らうなどして、それで心を入れ替えたという感じです。

何だかんだ言いながら業績が伴っていましたから、代表取締役専務になって、わがままを言わずおとなしくしていたから、そのまま社長になった、ということです。おとなしくしていた、というのは、無理を通していたのを、道理でしかやらなくなった、ということです。

Q 製品開発など、会長が経営トップとしてアース製薬の体質を強化されたのだと思いますが。

何せ、ライバル会社に煮え湯を飲まされて、私はもうアース製薬としての立場を上げなければならないわけです。得意先に行っても、なんかもう、冷たく言われたり、人を人と思ってないような振る舞いをされたりしたこともありました。そこで反骨精神が生まれますよね。なめられないためには、やっぱり地力をつける以外はない。メーカーの地力は、何といっても製品ですから、それをとにかく作ってやろうという気持ちでした。

1987年発売当初の「モンダミン」

現在の「モンダミン」

既存製品を改良して、磨いていく、というものもありました。「ノーマット」であったり「アースジェット」だったりですね。「サラテクト」は、もともとある製品をさらにパッケージを変え、訴求の角度を変えて売上を伸ばしました。「モンダミン」もそう。「バスロマン」もそう。多くの製品が、それなりのブランドに育ってきたと思います。

そのように考えてみると、私の能力からして、やるべきことはやり尽くした、と思います。

1964年発売当初の「バスロマン」

現在の「バスロマン」

アース製薬には変えるべきところがいっぱいある

大阪支店長時代に打診された社長就任ですが、いよいよそれが現実のものになってみると、当然ですが、いろいろな感慨が湧いてきました。偶然の縁で入社したアース製薬で、がむしゃらに営業の仕事に熱中し、二度の支店長経験を通してマネジメントを学びました。そして、小規模な事業部で経営者の疑似体験もしました。そうしてみると、一本の道でつながるように、社長の地位にたどり着いたような気もします。

それは当時の大塚社長の側から言うと、ずっと以前から私を候補者の一人と見てくれて、段階を踏んで私にマネジメントの経験をさせてくれていた、ということだったかもしれません。あるいは社長の中では、もしかするとさかのぼること10年前ぐらいから温めていたイメージ通りにプランを実行しているだけ、ということかもしれませ

ん。「その可能性もある」という前提で、早めに取締役に選任したのかもしれません。それにふさわしい、とご評価いただいたことは、とても光栄です。

「予想外だった」などと書きましたが、といって、「俺でええんかな？」と思ったかというと、そういう表現も正しくないように思います。

もちろん大阪支店長の時に「お前やってくれよ」と言われて、すぐに「じゃあやってやるぞ！」などと前向きな気持ちになったわけではありません。

でも一方では、広島支店長の時も大阪支店長の時もそうだったように、規模感は違うけれどやるべきことは一緒だ、ともいえます。その考え方の延長でいくと、究極的には社長であっても組織マネジメントの執行者であるという意味では、やることは変わらないのかもしれない、という楽観的に考えるところもありました。

またガーデニング戦略本部本部長と同時に取締役に選任されましたが、役員会の末

席に座ってみて、アース製薬には変えるべきところがいっぱいある、とも感じていました。

もちろん「伸びしろ」が大いにある会社であることは間違いないのですが、もっともっと良くすることができる。その意味で、一取締役としてできることは限られますが、社長となればすべてを見て、変えるべきところを変えることができる。職業人としてやり甲斐はあるやろうな、とすぐに思い至りました。

つまり、だんだんリアリティが出てきた、ということです。

新任取締役としての私は、役員会なるものに出たことももちろんなかったので、「ああ、こういう雰囲気で、こういうことが議論されているのか」というような目新しさはありましたが、それ以上のものではありませんでした。いちばん末席に座って、先輩方の話を聞いているだけでした。

こういうことを言うと会長に怒られるかもしれませんが、「こんなもんか」という感覚しかありませんでした。

若いということもあり、僭越になりますから、その場でガンガン意見を言うなどということもできません。「もっとこうしたらいいのに、ああしたらいいのに」などと心の中で思いながら、役員会ではほとんど何も言いませんでした。もちろん主管であるガーデニング事業については話をしたのですが。

自分の考えを役員会の場で言うようになったのは、社長になってからだったと思います。ヒラの取締役を1年やって、それで社長になってしまいましたから、物を言わずに座っていたのはごく短い期間だった、ということです。

社長就任が社内発表されてからは、そこから一歩進んで、「やるしかない。やるぞ！」という気持ちになりました。まだ取締役ガーデニング戦略本部本部長の立場でしたが、そこからは周囲から次期社長という見方をされますし、いろんな決め事もしなければなりません。就任前であっても、「どうしますか？」という相談を総務部長などからされるというように、当時の役職の域を超えることも出てきました。

変えるべきところはいっぱいある、と書きましたが、まず大きくは海外戦略を積極

化する必要がある、と思いました。

大塚現会長は、国内重視を明言されています。もちろん国内での市場競争力を高めることは正しいのですが、それと並行して長期にわたって成長を続けるためには、海外で市場を拡大することは避けて通れません。

一方では内政といいますか、マネジメントを強化するという意味では、本当の「働き方改革」も進める必要があると思いました。そのために社内制度もいろいろと見直す必要がありますし、組織改廃であるとか、人の適材適所を進める必要もあります。あるいはまた、会社の未来に向けてのビジョンであるとか、対外的なコーポレート・アイデンティティも刷新したほうがいいかもしれません。

そのように、社長になることを前提として、果たすべき課題は本当にたくさんある、と思いました。

今だからわかる大塚会長の決断のすごさ

当時、私は43歳で、入社20年目でしたが、確かに異例の若さであったことは間違いありません。

今では10年たちますが、その経営者としての経験があって、改めて大塚会長の決断のすごさがわかるようになりました。幾ら営業で業績を上げて、本部長として事業の立て直しに成功したといっても、40歳ちょっとの人間を経営トップに選ぶことにはリスクも感じたのではないかと思うのです。

もちろん、「若さと勢い」の価値もあるとは思います。次章で、それからの社長としての10年についてご説明しますが、海外戦略を実行し、M&Aも行い、また企業ビジョンとCIも刷新するなど、多方面にわたって様々な施策を進めてきました。それ

らは一面では、若さと勢いの賜物でもあっただろう、と思います。

会長が私を社長に選んでくれたことについては、そういうことではないかと思いますが、ご自身が社長を退くという決断は、どうして下されたのでしょうか。これは私の想像に過ぎませんが、時代の流れの中で会社も変わらなければならない、という時に、「自分がやってきたスタンスでは、もうあかん」と思われたのかもしれません。

経営者にとって必要な能力は「先を読む」ということです。それはあまり口に出すようなことではないと思いますが。会長も、それまでの経営トップも、おそらく「先を読む達人」だったのだろうと思います。

会長が社長の時代には、上場も果たされたし、シェアを伸ばして三番手から一番手になれました。そして、その次はどうするか、と考えた時に、そこはもう自分の時代ではない、と思われたかもわかりません。その時点で、たぶん「ほら、実は読んどったで、こうなることを」と思われたのではないでしょうか。

社長業ではなく、他の社会活動をしたい、ということもあったのだと思いますが、そうでなければ、55歳で社長をやめないような気がします。会長は、先を読む天才であり、その意味で真の経営者じゃなかったかな、と思っています。

今、私は53歳になりました。

この年齢で、10年前のようにホテルニューオータニのラウンジで社長就任を告げられていたとしたら、どうでしょう。「ちょっと待ってください」と言っているかもしれません。それは、あの時には見えていなかったたくさんのものが、10年たって、見えるようになったからです。

そう言わなかったのが「若さ」だったのかもしれない、ということです。

当時の話に戻りますが、社長就任が公表されると、やはり社外からも大きな反響がありました。それは当然のことだっただろうと思います。

個人的にも、いろいろな方から「大変やろう？」と言われましたが、言われれば言

われるほど、そこに対しての反抗というわけではありませんが、「別にすごくないし大変でもない」という気持ちになりました。それも若さなのだろうと思います。

実際、社長になってからも、それほど大変だとは思わなかったのは確かです。それは私自身の性格もあるでしょうし、周囲のみんなが協力してくれたから、ということもあると思います。

当時のボードメンバーは、当然のことながら全員年上の方でしたが、皆さん協力的でした。それは、本当に恵まれていたと思います。昨日まで「おいお前」と呼ぶ後輩だったわけですが、社長になった瞬間から私のことを社長として認めてくださり、陰になり日向になり助けていただきました。

ですから変な話ですが、全然苦労をしていない、と言っても過言ではないのです。

Column

アース製薬を支えたロングセラー製品

虫ケア用品を中心に成長してきたアース製薬ですが、今では入浴剤、オーラルケア、消臭芳香剤、園芸用品など、製品カテゴリーを広げ、ラインナップを拡充してきました。

ここでは、よく知られているロングセラー製品を中心に、ご紹介したいと思います。

★ごきぶりホイホイ

発売から50年以上愛され続けるロングセラー製品

1973年3月に発売された「ごきぶりホイホイ」は兵庫県にある坂越工場で製造され、中国やタイ、アメリカなど約30か国にまで輸出している粘着式ゴキブリ捕獲器です。2022年2月に他界された、故・大塚正富特別顧問（当時の社長）のアイデアで開発されました。

アース製薬は1970年に大塚製薬グループの傘下に入り、大塚化学薬品（現大塚化学）の常務だった故・大塚正富特別顧問が新社長に就任しました。

当時は住環境も大きく変化する中でゴキブリの生息環境も変化し、多くの人が部屋に突然現れるゴキブリに悩まされるようになりました。それまで多くの家庭で使用されていたゴキブリ捕獲器はプラスチック製で、生きたまま捕獲し、捕獲後は容器ごと水につけるものが一般的でした。これは利用者の負担も多かったそうです。そこで、この不快さや負担を取り除いた製品を開発したいとの想いから、新製品の開発がスタートしました。

着目したのは「トリモチ（昆虫などを捕獲す

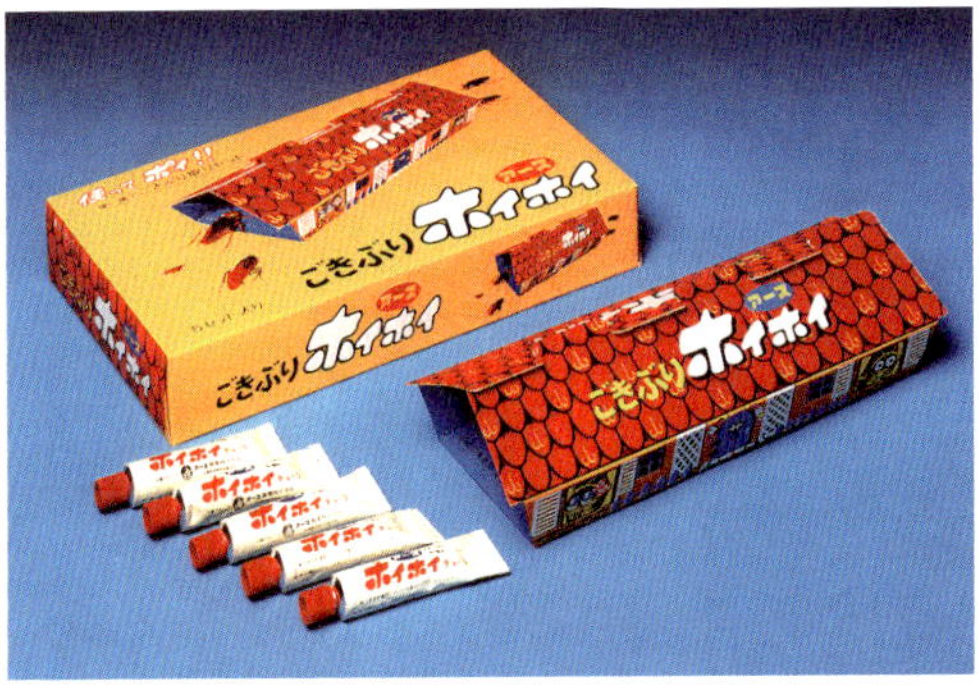

1973年発売当初の「ごきぶりホイホイ」

る際に使う粘着性の物質）」でした。粘着物質を使ってゴキブリを捕獲するアイデアを実現するため、研究所で「ハエとりリボン（天井からぶら下げた粘着性リボンでハエを捕獲するもの）」にゴキブリを乗せてみると、予想通り粘着剤に足を取られて身動きができなくなり、「これだ！」と確信を抱きます。さらに紙の箱に誘い込んで粘着剤で動けないようにし、箱ごと捨てる方式を考え出すと、開発が本格化しました。しかし、試作段階ではゴキブリの触角が粘着剤に触れて逃げられてしまうケースが相次ぎました。この課題を解決したのは「箱の入り口に坂道をつけて上らせれば、触角が粘着剤に触れない」という、ある社員の提案でした。見事にゴキブリは奥に入り込んで逃げられなくなり、待望の新製品が誕生しました。

開発当初は力強い「ゴキブラー」というネーミングが検討されましたが、もっと親しみのあるものにすべきと、機能性も伝わりやすい「ごきぶりホイホイ」に決定しました。

パッケージデザインは当時の大塚正富社長によるもので、組み立て式のハウスにして、屋根の絵を描きました。

「ごきぶりホイホイ」は高い捕獲力と使用後はそのまま捨てられる利便性、「ホイ

故・大塚正富

1930(昭和５)年		大塚製薬工場を創立した大塚武三郎の五男として徳島・鳴門に生まれる
1949(昭和24)年	19歳	徳島工業専門学校製薬工業科（現 徳島大学薬学部）卒業
1953(昭和28)年	23歳	旧制大阪理工科大学工学部応用化学科（現 近畿大学理工学部）卒業 株式会社大塚製薬工場 入社
1954(昭和29)年	24歳	大塚化学薬品株式会社（現 大塚化学株式会社）転籍
1959(昭和34)年	29歳	大塚化学薬品（現 大塚化学）取締役 就任
1963(昭和38)年	33歳	大塚化学薬品 技術担当常務 就任
1970(昭和45)年	40歳	兄から経営不振に陥っていたアース製薬の再建を命じられ、アース製薬株式会社社長　兼　開発責任者
1994(平成６)年	63歳	科学技術長官賞 受賞
1995(平成７)年	65歳	黄綬褒章 受章
1998(平成10)年	68歳	アース製薬株式会社会長 就任
2000(平成12)年	70歳	アース・バイオケミカル株式会社（現 アース・ペット株式会社）会長 就任
2001(平成13)年	71歳	勲四等瑞宝章 受章
2005(平成17)年	75歳	アース製薬株式会社特別顧問 就任

ホイ捕れる」わかりやすいネーミングから爆発的ヒットとなりました。

それ以降も「ごきぶりホイホイ」は絶えず改良を重ねることで「本家」の地位を維持し続けています。発売当初、粘着剤は乾燥を防ぐため同梱されたチューブに入れられており、お客様が設置時に自ら箱の底に描かれた線に合わせて粘着剤を塗る仕様でしたが、その後、現在のものと同じシートをはがせばすぐに使えるより手間のかからない仕様となりました。また、それまで粘着剤に混ぜられていた誘引剤を分離して中央に置くタイプに変更し、使いやすさと機能性も向上させています。

さらに、ゴキブリをより捕獲しやすくするために、粘着力を弱める原因となっていたゴキブリの足についた油分や水分をふき取る「足ふきマット」を設けて捕獲力をアップさせたり、誘引剤に肉・魚・野菜など、ゴキブリにとって魅力的な風味を詰め込んで誘引力を強化させせました。粘着剤の表面に起伏をつけて捕獲力を増す「デコボコ粘着シート」を採用させるなど、より良い商品へと常に進化をさせて、性能を高める工夫を重ねています。

ロングセラー製品は、常にお客様目線で最高品質を追求し続ける、開発者の熱意から生み出されるのです。

★アースノーマット

発売から40年を迎えた液体蚊取り、ヒントは行灯

1984年6月に発売された「アースノーマット」は、今では液体蚊取り市場で国内シェア90%を占めるまでに成長し、蚊取り用品の主流となっています。

蚊の駆除剤は1960年台までは蚊取り線香が、その後、マット式蚊取り器が登場して人気を博していました。しかし、蚊取り線香は使用する度に火をつけなければならず、燃焼時間も短く、煙によるヤニの問題がありました。蚊取りマットも同様に、使用時間は多少長くはなったものの、毎日取り替えなければならず、薬剤が安定して拡散しないために効きめに難がありました。

これらの欠点を克服し、お客様が手間をかけずに好きなときに好きなだけ使用でき、さらに最後まで安定した効き目を発揮できる独自の「蚊取り」の開発がスタートし、当時の大塚正富社長がテレビの時代劇で見た行灯からヒントを得たのが液体式でした。

「アースノーマット」は薬液を「吸液芯」で吸い上げて、ヒーターの熱で空気中に

揮散させ、蚊を駆除するシステムです。安定した効き目を発揮するためには、この「吸液芯」の開発が重要でしたが、試行錯誤を続ける中で完成し、「アースノーマット」として発売しました。

その後も広い部屋に使用できる「ワイド」タイプや「コンセントに直接差し込む「コードレス」など、今もなお進化を続けています。

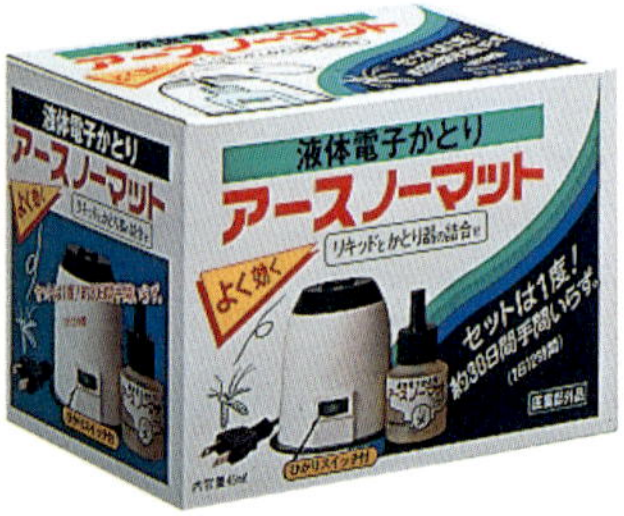

1984年発売当初の「アースノーマット」

★モンダミン

日本人のお口に合う洗口液を開発、日本に新しい習慣を

日本でまだ洗口液が一般的ではなかった1987年に、日本人のお口に合う洗口液をコンセプトに「モンダミン」が発売されました。

「モンダミン」の名前の由来は、近代的なという意味の「modern」とフランス語で私の友達、恋人を意味する「monami(e)」に医薬品などで用いられる「〜イン」の語尾を組み合わせたものです。

アメリカですでに人気の「洗口液」に当時の大塚正富社長が注目して、研究開発に着手しましたが、日本の市場では前例がほとんどなかったため、クリアすべき基準そのものから構築するなど、スタートから苦労の連続でした。

日本人のお口に合う香味を追求し続け、1987年にペパーミント味の「モンダミン」が誕生すると、翌年にはシナモン味を発売しました。

しかし市場の反応は冷ややかなまま、生活習慣としては広がりませんでした。起死回生の一打として「洗浄効果」を前面に打ち出す販売戦略が提示されると、より洗浄効果を高めた「モンダミン」へと進化させました。

発売当時から現代まで、約40年近く変わることなく日本人のお口に合うことにこだわり続けながら、お客様の「お口の健康を守る」ために研究開発を重ね、今では誰もが気になるむし歯や歯周病などの口内トラブルを予防する商品まで、幅広い年代のお口の悩みに合わせたラインアップを取り揃えています。

現在の「モンダミン」

社長就任から10年で会社は大きく変わった

第4章

２０１４年３月、私は社長に指名されました。それから10年、社員の皆さんの協力もあり、アース製薬は大きく変化を遂げ、成長を続けてきました。それは変化のための変化ではなく、多くは時代の必然に応える形で自ずと変わらざるを得ない、ということだったと思います。この10年のM&A、グローバル化、CIをはじめとする企業イメージの刷新など、幾つかの軸に沿って振り返ってみたいと思います。

M&A：初めての役員会で買収の意思決定

社長に就任して、最初に下した意思決定は株式会社白元の買収でした。

これは以前からの懸案で、ボードメンバーとして私も経緯を理解していました。白元は防虫剤、虫ケア用品、脱臭剤などを製造販売する老舗の日用品メーカーで、アース製薬にとっては、長年、競合していた企業です。その白元が業績の悪化から民事再生法を申請し、経営再建をめざしてスポンサーを募る状況になりました。そこに、幾つかの会社と共に、手を挙げたのです。

社長に就任して、初めて議長を務めた役員会での議題が、白元のスポンサーになるのを決めることでした。

この大事な役員会に、前社長である大塚会長は出席をしませんでした。後でご本人に聞いたところ、自分が出席すると採決でも役員たちは自分に気を使うだろうし、私も自分自身の意見を言いにくいに違いない。だから、あえて欠席して、新社長に任せよう、という意図だったそうです。

この時はもう、買収の意思決定をしなければならないリミットが近づいていました。だから、その役員会で決定する必要がありました。民事再生の企業ですから、スポンサー企業にとって資金負担も小さくありません。投資額は70億円ぐらいになる案件で、かつ再建には当然リスクもあります。

アース製薬にとっての得失を秤《はかり》にかけて、役員会の総意として、「買収しよう」という流れにはありました。しかし、最終的に決定するのは社長である私です。言うまでもありませんが、重い判断ではありました。

営業の立場からすると、白元はライバル企業です。老舗企業ですし、マーケットで

の存在感はそこそこあります。そして強い製品ももっています。

ただし、民事再生企業ということで、ブランドは毀損《きそん》しています。イメージ悪化で、顧客離れも起こっているかもしれません。ただ万一、我われが買収しなければ、間違いなく同業のライバルの傘下に入ることになるでしょう。それは、避けなければならない、と思っていました。

財務面については不透明なところもありますが、ライバル企業に取られるよりは、アース製薬が手に入れたほうがいいだろう。そんなことを瞬時に考えました。

判断に際しては、経理部門や財務部門から示されている資金的なレンジがありました。もちろんそれは得失を勘案してプロがはじき出した、妥当な金額です。しかし私は、そのレンジの上限に5億円を加えた額を役員たちに示しました。それは、買収することを決めた以上、確実に手に入れるべきだ、と考えたからです。

この新米社長の考えに、副社長などは反対しました。経理担当の役員も賛成してくれません。もちろん、当然の判断だったと思います。

しかし、最後は、私が社長判断で押し切りました。

結果として白元は、75億円でアース製薬が買収することになりました。他社の状況を後から聞くと、やはり、このプラス5億円が決め手になったようでした。

その後で、会長からは、「高いね。俺やったらこんなのよう出さん」などと笑って言われましたが、これが私の社長デビューの意思決定でした。

社長人事で自分の意志を押し通す

白元はいい製品もたくさんもっている企業ではありますが、赤字で民事再生手続きを開始した会社です。だから、アース製薬が肩代わりをすることになります。スポンサーになって再建することは既定路線だったとはいえ、正直なところ「えらいこっちゃな」とは思いました。

加速するM&A、資本提携

2012年	㈱バスクリン(現 連結子会社)の全株式等を取得し完全子会社化
2014年	白元アース㈱が民事再生手続きを申し立てた㈱白元の事業の一部を承継
2015年	中国に安斯(上海)管理有限公司(現 連結子会社 安斯(上海)投資有限公司)を設立
2017年	アース・バイオケミカル㈱(現 アース・ペット㈱)の全株式を取得し、完全子会社化
2017年	A My Gia Joint Stock Company(現 連結子会社 Earth Corporation Vietnam)の 株式を取得し子会社化
2019年	マレーシアにEARTH HOME PRODUCTS (MALAYSIA) SDN.BHD.(現 連結子会社)を設立
2021年	フィリピンにEARTH HOMECARE PRODUCTS (PHILIPPINES),INC.(現 連結子会社)を設立
2023年	㈱TWOより、BARTHブランド事業を譲受け

結果からいうと白元は、白元アースとして再建に成功し、現在はグループの大きな戦力になっています。私たちが再建を託して送り込んだ社長が、強力な手腕を発揮してくれたのです。

この社長の選定が、白元の新しいスタートに際して最も重要な課題でした。人心を一新しながら、業績を回復しなければなりませんから、力のある人でないと社長は務まりません。その点、2012年にグループ傘下に入った株式会社バスクリンとは、状況がまったく違っていました。バスクリン社は利益もしっかり出していましたし、経営体はそのまま引き継いでいて、当時の社長にも留任してもらっていました。白元はスタートラインが違うのです。

白元を再建するにあたり誰が社長を務めるかによって、スピード感も含めて再生のありようは変わってきます。当初、想定していたのは買収案件に携わっていた社員でした。この社員は、幻の名刺をいまだにもっていると思います。

でも、私が最終的に決めたのは、吉村一人さんでした。吉村さんは第1章で出てきた、私が新卒で入社した時の、怖い課長です。カリスマ性があり、修羅場に強いということでいえば、最適の人材であると考えました。経営危機を経験して、白元は社員も疲弊してるかもしれないし、おそらくグッと手綱を引っ張ることができる人間がいい。そのように考えて、当時は役員待遇でしたが、彼にお願いすることにしました。

この社長人事については大塚会長にも同意していただくことができたので、多少の反対はあったのですが、自分の意思を押し通しました。

今でもよく覚えていますが、吉村さんに会いに行って、２人で寿司を食べながら話をしました。

「申し訳ないですが、再生のために白元に行ってくれますか？」

「わかった。でも俺は腰掛けでは行けへんからな」と。アースを辞めて、真剣にやる、と言ってくれたのです。その時、吉村さんは52歳ぐらいだったと思います。

「自分の残り10年で再生させて、必ずリボンを付けて返してやるから。もうアースに戻ってこん。その覚悟で行くから」

そして、その言葉通り、吉村さんは予定より前倒しで、白元アースを再建してくれました。すでに累積損失も一掃しています。その過程では、おそらく非常にしんどい思いもされたのではないかと思います。

再建が完了した時に、初めて大塚会長が「吉村さんをトップにするという人事をよく決めたな」と言ってくれました。

独自の世界観を持つ「BARTH」

「BARTH」は、2022年に開発会社である株式会社TWOとの間で事業譲渡契約を結びました。

もともとアース製薬には「バスロマン」という製品があり、「バスクリン」も譲受しました。同業のライバルは「バブ」を手掛ける花王が代表的でした。アース製薬としても入浴剤分野が伸び悩む時期があり、調べてみると、BARTHという新興勢力が急激に伸びていることがわかりました。BARTH製品は高単価でしたが、重炭酸イオンを多く含み、高い疲労回復効果を謳《うた》って若者を中心に人気を集めていました。

そこから気になって、店頭の動きを見ていると、多くの販売店には軒並み店頭に並んでいて、売れ筋になっていました。私は、そのマーケティングに強い関心をもちました。同種の製品は、技術的には作れるかもしれません。しかし、10日分で約300

0円という高単価は常識外で、アース製薬でなくても社内会議では「入浴剤でそんなに高いもん売れまへんで」という結論になるでしょう。

その後、「BARTH」ブランドが事業譲渡するということで、話が持ち込まれました。私は、すぐに事業を譲り受けることを決めました。製品としての「BARTH」のすごさもありましたが、何よりもブランドの作り方に興味があったのです。このノウハウが欲しかったのです。

「入浴剤としてのブランド固めをしましたね」と業界内では言われています。もちろんそういう側面もないわけではありません。ただ、本当のところをいうと、「BARTH」というブランド感、世界観を買った、という気持ちが強いのです。例えていうと、有名ブランド品と同じです。消費者は、製品そのものの価値だけではなく、世界観に対して高いお金を払うのでしょう。仮に中身は一緒であったとしても、「『BARTH』がいい」と言ってもらうブランドづくりは、アース製薬にはなかったノウハウになります。単価が高くても売れる、という事実は、消費者のニーズを固定観念で見てはいけない、という教訓にもなりました。

今後、「ＢＡＲＴＨ」ブランドを生み出した社員と共に、入浴剤以外の製品についても「ＢＡＲＴＨ」ブランドが使えるかどうか。それに挑戦していきたいと考えています。

アースグループ紹介

バスクリン

入浴剤を中心に健康な身体と心の維持に寄与

明治時代に誕生した日本初の入浴剤「浴剤中将湯」の発売で知られる津村順天堂（現・株式会社ツムラ）をルーツにもつ株式会社バスクリンは、２０１２年よりアースグループに加わりました。

国民的入浴剤として知られる「バスクリン」や、温泉の泉質を表現した「日本の名湯」、育毛剤「インセント」など、生薬・温泉ミネラルに代表される天然成分を応用した、独自性の高い製品を開発しています。入浴の温熱効果や生薬成分がもたらす作用を解明し、エビデンスを科学的に検証するため、大学や研究機関とも積極的に協働。赤ちゃんから高齢者までの悩みを解決できる入浴剤研究、アトピー性皮膚炎や健康寿命に貢献できる素材研究など、数々の研究成果を世に送り出しています。社会環境の移り変わりに伴うバスライフの変化といった時流も踏まえながら、入浴習慣・入浴剤の活用で自然治癒力を高め、お客様の健やかな身体と心の維持に寄与することに、真摯に取り組んでいます。

（沿革）

1893（明治26）年に津村順天堂（現・ツムラ）創

「日本の名湯」

「バスクリン」

業。1897（明治30）年に『浴剤中将湯』発売。2006（平成18）年に株式会社ツムラから家庭用品事業を承継し分社。2008（平成20）年、MEBOを実施し、ツムラグループから独立。2010（平成22）年、株式会社バスクリンに社名変更。2012（平成24）年、アース製薬グループ（現・アースグループ）に加わる。

白元アース

お客様に浸透した日用品ブランドを数多くもつことが強み

株式会社白元から主な事業を譲り受け、2014年に白元アースとして新たなスタートを切りました。衣類用防虫剤の市場を牽引する「ミセスロイド」をはじめ、脱臭・消臭剤「ノンスメル」や保冷剤「アイスノン」といった、お客様に浸透した日用品ブランドを数多くもつことを強みに、総合家庭用品事業としてアースグループの幅を広げ、多角化展開をしっかりと支えています。

また、アース製薬、バスクリンとグループ3社で取り組む入浴剤市場の活性化においては、スキンケアタイプの「HERSバスラボ」と温泉コンセプトの「いい湯旅立ち」がシナジーの大切な一翼を担っています。また、現在も多くの方が使用されているマスクでは、「快適ガード」「be-style」など独自性が高い製品を揃えています。

近年では、2022年に発売した除湿剤「ドライ&ドライUPNECO」が、お客様ニーズと環境の双方に配慮した製品として注目を浴びています。今後も魅力ある新製品を開発し、グループの事業領域の拡大に貢献していきます。

〈沿革〉

1923年（大正12）年に防虫剤・防臭剤の製造販売を開始。1950（昭和25）年に株式会社に改組。1953（昭和28）年に蛍光染料「白元」を発売。以後、防虫剤「パラゾー

「アイスノン」

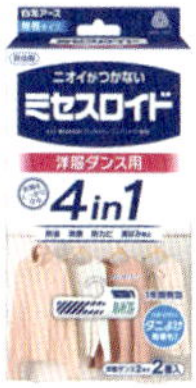

「ミセスロイド」

ル」、脱臭剤「ノンスメル」、使い捨てカイロ「ホッカイロ」などがヒット。1972（昭和47）年、鎌田商会から白元に社名変更。2014（平成26）年、民事再生法の適用を申請。同年、アース製薬が民事再生スポンサーとなり、受け皿となる完全子会社「白元アース株式会社」を設立。2016（平成28）年9月30日、民事再生手続きが結了。

アース・ペット
ペットと人の絆を大切に心豊かな暮らしを実現する

アース・ペット株式会社は、ペット用虫ケア用品「アース」、消臭剤などの「ジョイペット」、プレミアムフード「ファーストチョイス」といったブランドを中心に、首輪、玩具も含めた幅広いラインナップを展開しています。また、子会社のペットフード工房株式会社では、添加物を使わない天然食材のフードも生産・販売しています。

２０２２年にペットケアの情報発信のためのアンテナショップ「あーす・ぺっとはうす」を東京駅八重洲地下街にオープンし、さらに三重県の物流倉庫を刷新し「三重ペットセンター」を開設、新たなペットの情報発信拠点をめざします。２０２３年には、研究所機能に加え見学もできてペットとも触れ合える体験型研究施設「徳島ペットランド」を徳島市に開設し、大切な家族であるペットとの暮らしをさまざまな視点で快適にすることをめざしています。将来的にはグループにおけるグローバル戦略の一環として、顕著な伸びを示すアジアのペット市場も視野に入れ、ペットの健康維持の大切さやＱＯＬの向上について、製品と一緒に世界に向けて発信していくことを見据えています。

「ChoiceS」

「ジョイペット 天然成分消臭剤
オシッコのニオイ・汚れ専用」

（沿革）

2016（平成28）年にペット事業、家庭園芸用品事業を行うジョンソントレーディングを買収。翌年アース・バイオケミカルがペット事業以外の全事業を吸収分割によってアース製薬に継承させ、ペット事業に特化。ジョンソントレーディングのペット事業も統合してアース・ペットに社名変更した。

アース環境サービス

食品や医薬品の工場を中心に施設内の環境を保全

食品、医薬品、医療、容器、包材、物流・倉庫をはじめとした様々な業種業態において、異物混入や汚染を防ぎ、最適な衛生環境を維持・改善するための「総合環境衛生管理」という独自のサービスを提供して、お客様である企業の品質保証活動を支援しています。サービスの提供にあたっては、最先端の知見とハイレベルな技術力を習得し、多種多様な現場での豊富な経験を積んだスタッフが「環境ドクター」として、

事業所の衛生管理を診断し、問題点を浮き彫りにして、改善対策の処方箋を切り、治療・予防をしながら安全・安心な環境の維持・増進をサポートしています。

大阪府茨木市にある「彩都総合研究所〈T-CUBE〉」では、研究・開発、検査・同定、人材育成の三つをテーマに、AIを活用した捕虫・分析システムの開発や、教育訓練用細胞培養加工施設での再生医療分野の人材育成と科学的データ蓄積など、産学官の多様なネットワークで新たなイノベーションを創出しています。「衛生管理の支援」という既存の枠を超えて、社会やお客様を取り巻くあらゆる「環境」の課題を解決し、より豊かな未来につながる「環境」形成に貢献していき

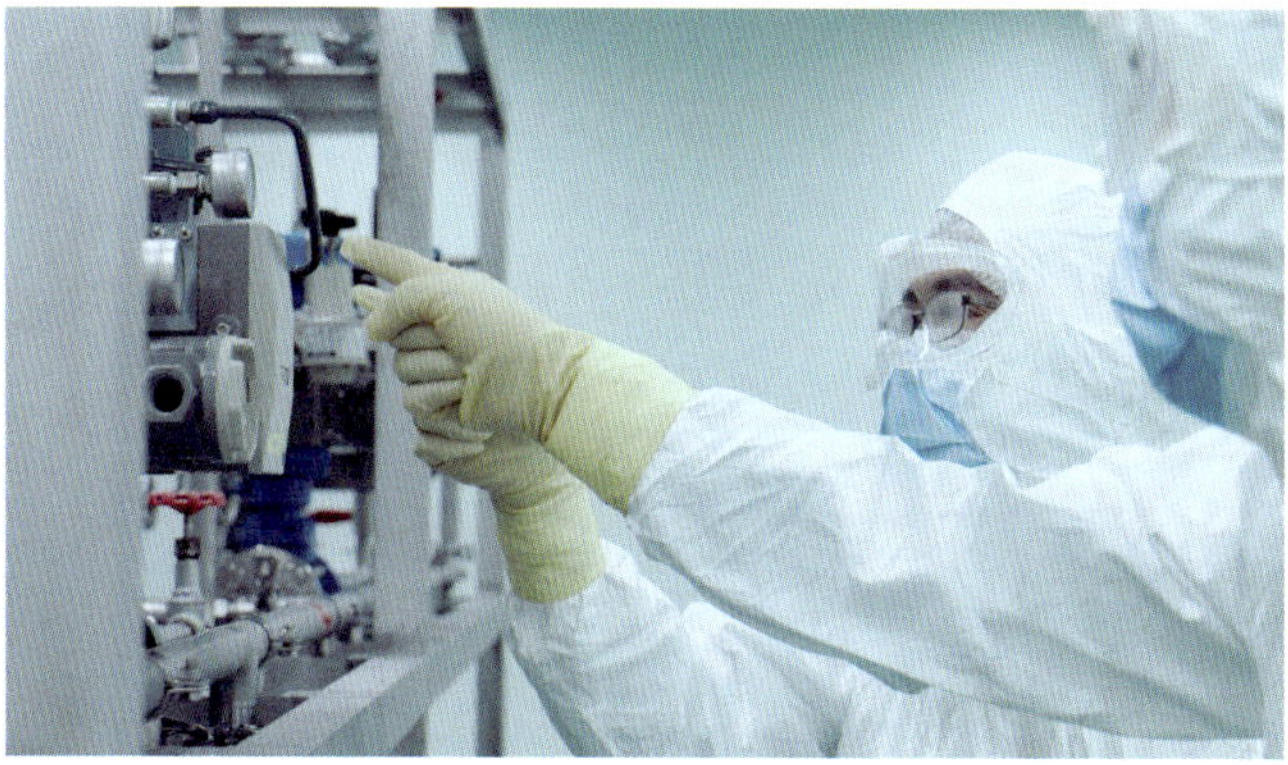

経験豊かなスタッフが安心・安全な環境をサポートする

ます。

（沿革）

1978（昭和53）年に設立。1989（平成元）年、アース製薬と大塚製薬から出資を受け、資本金を1億7600万円に増資。2016（平成28）年、彩都総合研究所〈T-CUBE〉を開設。

証言　白元アース　吉村一人社長(2)

「いい会社にしてほしいです。いろんな面でね。それだけですよね」

Q 川端さんが社長に就任されて、すぐに白元の再建を託されたのですか？

社長に任命されました、というのは、電話がかかってきたのかメールだったか、記憶は定かではありませんが、その後、2人で飲みに行きましたね。「いい会社にしてくれよ」などと話した覚えがあります。

白元については、「実は白元について任されているんです」と相談を受けました。「いいじゃないか」と言ったと思います。「いっぱいブランドもあるし」。「再建できると思いますよね」と聞かれたから、「再建できるだろう。中身はちょっとわからないけど」と答えました。

そんな話があった後、「社長は誰がいいと思いますか？」みたいなことを聞かれたと思うんです。「私はあんまり思い浮かばんな」と言いました。補佐的につける人間については、何名かの名前を出したと思います。

で、最後、「誰もいなかったら私が行ってあげるよ」と言ったと思います。「いや、それは……」と言って、彼は帰ったんですが、何日か後に「やっぱり行ってもらえますか？」と電話がありました。

「私が行ってあげるよ」と言ったのは、もちろん本心からです。その覚悟はありました。大きな投資ですから、失敗はできませんからね。

Q 「自分の残り10年で再生させて、必ずリボンをつけて返してやるから」と言われたのですか？

その辺は大体、正しいと思います。「任しとけ」みたいなことを言ったと思います。ただ、白元の内情はその時はまったくわかっていませんでした。デューデリジェンスの資料を見せてもらったら、時系列にもなっていない、見てもさっぱりわからない状態でどーんと渡されました。後になってからは、「聞いてないよ」ということばっかりでした。

業界では白元は危ないんじゃないか、と言われていて、民事再生のニュースにも

「やっぱり」と思ったぐらいです。そういう状況ですから、もう会社が病んでいました。営業はその時70、80人いたと思いますが、優秀な営業職はいなくなっていました。生産、調達、間接の人間は外の情報はあまり入らないので、最後まで会社を信じていた人もいたし、能力のある社員もいました。これは助かりましたね。

Q 計画より1年前倒しで再建を完了したのですか？

「3年で再建してくれ」と、アース製薬には言われていました。２０１４年の９月から行ったので、その年は４カ月の変則決算。２０１７年中に再建してくれ、ということです。でも、彼（川端社長）が業界紙で「2年で再建できます」と言ってしまったんですよ。私は、聞いていなかったので、記事を読んでメールしたんです。そうしたら「すみません、口が滑りました」と。

「じゃあ、頑張らなきゃいかんね、1年前倒しで」と返しました。ほぼほぼ自分の中で２０１６年の第1クォーター、第2クォーターで、「今年でいけるな」と手応えがありましたので。

Q この10年、アース製薬はいろいろな意味で大きく変わったと思います。グループ内にいて、どのようにご覧になっていましたか？

私は自分の会社のことで必死だったので、本当に外から見ている感じでしかわかりませんが、確かに海外への投資とか、M&Aなども含めて、いろいろなことを実行してきたと思います。何よりびっくりするのは、本社に行っても、ほとんど知らない人ばっかりだ、ということですね。外から入ってきた人が多くて。そういうことも含めて大きな変化を感じています。

川端社長への評価などできる立場ではありませんが、いろいろな投資をしている途中ですよね、今はね。上場している以上は結果を出さなければならないですし、利益も含めてね。私も含めて本当にアース製薬は、彼が入るもっと前から、製品がなくて、業界でも三番手で、本当に相手にされなくて、だけどそれを踏ん張って踏ん張ってやってきた先輩諸氏のおかげもあるんでね。いい会社にしてほしいです。いろんな面でね。それだけですよね。

大塚会長に聞く⑦
「自由に経営ができれば、経営者として成長できる」

Q　川端さんが社長になった後、会長として、どのようなスタンスで接してこられたのですか？

それは「応援団」ですね、完全に。川端くんのことは、自分の実の弟みたいに思っていますから。なので、すべてをオープンにしていますし、腹にためるようなことはまったくありません。何でも話し合えるというような関係だと思っています。そういう意味では「こうしてほしい」「ああしてほしい」ということではなく、本人が好きなようにやってほしいなと思っています。

Q　とはいえ年齢は若いですし、任せたと言いながらも不安もあったのではありませんか？

若いから、ということでこちらが不安に感じる、ということはありませんでした。

そもそも完璧な人間なんていないわけですし、やっぱり「自分はここが弱いな」とか、いろいろ思うところがあると思うんですよね。ですから本人がいろいろ悩みながらトライ・アンド・エラーで成長していくのを端から見守っていけたらいいな、とは思っていました。

経営者は成功するときもあるし失敗するときもあります。経営は「丸ぺけ」じゃないんですよね。どっちが正しいか間違っているとかいうのはなくて、選択しかないので、どれかを選んだら、自分が思い描くような結果が出るように努力していくということしかないわけです。

もちろん、進むのも自由、退却してもう一回戻るのも自由。とにかく自由に経営をやってほしいなと思っていました。「こっち行け」「あっち行け」「危ないぞ」とかいろいろ言う人がいるのですが、それを聞くのも自由、聞かないのも自由。川端くんに指示できるのは、逆に私ぐらいしかいないわけです。

でも、それをしてしまったら、やっぱり今後の彼の経営者人生においても喉に引っかかった魚の骨みたいになってしまうんじゃないかな、と思っていますね。

Q そういう「任せる」スタンスを取るのは簡単ではないような気がしますが。

実は、私もそうだったんです。親父は私に社長を譲ると、何も指示をしませんでした。サポートしかしてもらっていないんです。そういうことがありましたから、ある意味自由に経営ができたので、経営者として成長してこられたのではないかと思います。そういうスタンスが自分にとってはすごく居心地が良かったので、川端くんにもそういうスタンスを保ってきました。

ただ、彼が迷うことがありますよね。そういうときに、聞かれれば教えてあげられるという存在ではありたいとは思っています。

Q 川端社長はグローバル展開を加速させるなど、会長の経営との違いがあります。

海外に力を入れているのは、すごいなと思っています。私はどちらかというとドメスティックな事業家なので、まず国内でシェアアップすることを第一に考えていました。その先に海外への展開もあると考えてはいましたが、川端くんが海外に目を向けて、事業を強化してくれました。国内に置いておきたいような優秀な人材を海外に出して、要所要所に配置するなど、それは国内重視だった私には、できなかったことだなと思います。

海外企業の買収なども同じことです。私が社長をしていた時にも、そういう話はあったんです。例えば、マレーシアの会社から「買収してほしい」と持ちかけられた一件がありました。結果的には他社が買うことになり、今考えると「失敗したな」と思います。ただ、会社の状況としても、買収するにはタイミングが悪かった、ということはあるのですが。

海外展開と白元アースも含めてM＆A戦略というのは、単なる事業拡大ということではなく、業界の再編成みたいな形を頭に描いて経営しているのかな、と見ています。それらのリーダーシップを執って動いているというのは、すごくいいことだなと思っています。

Q ところで今、会長が注力されていることは何でしょうか？

ゴルフの「アース・モンダミンカップ」ですね。私の思い入れで始めているよう

なものです。損得勘定を考えたら、会社としてはやらないほうがいいし、広告宣伝効果も限定的です。これだけは、自分のわがままでやらせてもらっているような事業です。

モンダミンカップに力を入れているのは、マスターズへお客様を招待して、そこでいろんなご縁ができて、販売店さんと太いパイプができた、ということが背景にあります。それでマスターズのようなゴルフの大会が日本でもあったらいいのにな、という単純な思いから始まったものです。わざわざオーガスタまで行かなくても日本で開催して、マスターズで我われが味わった感動が日本でも味わえれば、ということです。企業が社会に対して還元していると、いつかは巡り巡っていいこともあるんじゃないか、という思いもあります。

おかげさまで、多くの方から「来て良かった」とか「すごい大会だ」と、いろいろお褒めの言葉を頂戴するのですが、一番うれしいのは、スタッフが努力しているのを褒めてもらうことです。「温かさを感じる」とか「他の大会に比べて対応がいい」というようなことです。

Q それが回り回ってアース製薬がやっているということに結びついて世の中が認知する可能性もありますね。

大塚グループでは、大塚国際美術館が徳島県の観光名所の一つになって、また地元の小中学生、高校生含めて教育にもすごく役立っています。今は日本全国に評判が広まって、黒字化もしています。モンダミンカップも、そういう感じになればいいかな、と思いますね。

Q 冠をモンダミンにしたのは何か理由があるんですか？

まったくないです。虫ケア用品だとちょっときついしな、などといろいろ考えて、一番無難なところで選びました。

Q 今後の展開について教えてください。

賞金総額も上げていきたいですし、それに伴って、もうちょっと世界から選手が参加してくださる大会にしたいと思っています。招待されてすごくうれしいマスターズと一緒で、格式の高い大会にしていきたいです。

グローバル化：
中国での販売強化から
タイ、マレーシアなど東南アジアに展開

私が社長になってから、大きな方針として「海外戦略を加速させる」と明言しました。大塚会長の時は、まず国内を固める、という方針でした。もちろん、その時は、それが必要な戦略だったと思います。海外については、タイと中国だけでした。中国には製造子会社が2社あって、タイともども、それぞれの国内での販売は、それほど力が入っていませんでした。しかし当時はすでに両国とも経済成長を果たし、所得水準が上がったことから内需は拡大していました。

そこでまず、中国での販売を強化するために上海に販売会社を設立して、二つの製造子会社もそこに統合しました。

それについては、当時の総経理に「現状の問題で何がありますか」とか話を聞きま

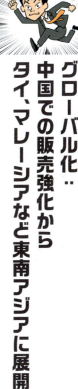

した、すると「やっぱり販売会社があったほうがいい」という意見だったので、検討を始めた、という経緯があります。

場所については上海か北京か、と考えましたが、細かいことは考えてもしょうがない、というのが私の考えです。深圳《しんせん》でも良かったとか、広州のほうが良かったとか、そんなことを机上の空論で悩んでいてもしょうがないんです。

ここで、私のマネジメントについて、少しお話ししたいと思います。

私が社長に就任するまではアース製薬はオーナー経営の会社でした。会社の規模感もそれにふさわしいものでしたから、どちらかといえばトップダウンで仕事が進んできました。決してトップダウンが悪いわけではありません。ただ、会社の規模が大きくなってきますと、それだけでは回りにくくなります。

だから私が社長になった時に、ボトムアップで事業を進めることをメッセージとして打ち出しました。私はオーナーではありませんし、それが無理のない、自然な形であるとも考えました。

社員には、すべてにおいて指示が下りてくるわけではない、と伝えました。ということは、みんなが考えて仕事をしなければならない、ということです。もちろん、トップダウンをまったくやめる、ということではありません。

白元のケースがそうであったように、私が決めるべきことは、やっぱり決めるわけです。ボトムアップにいいところと悪いところがあるのと同じように、トップダウンにもいいところと悪いところがあるでしょう。つまり、ハイブリッドでいこう、ということなのです。

ボトムアップの悪いところは、ああでもない、こうでもない、と話が進まないところです。中国での販売会社設立についても、そうなりかけました。だから、最後はトップダウンで決定したのです。

このトップダウンで決まるのかボトムアップで決まるのかというのは、企業にとって永遠の課題なのかもしれません。

ただアース製薬では、私が社長になって10年たち、そのあたりは自ずとうまく進んできたと思います。タイミング的には10年たった現在は、そろそろまたある程度トップダウンのグリップを利かせていかなければならないのではないか、と感じているところです。

「これからは海外に行くのがエリートだ」

2015年上海での販売会社設立の後に、アジアでの展開は加速しました。次はベトナムの会社を買収して子会社化し、さらにミャンマーでも駐在員事務所をつくり、マレーシア、フィリピンにも進出しました。東南アジアのマーケットは成長可能性が大きいと判断し、矢継ぎ早に手を打ったのです。

こうした海外展開の方針に対し、当初、社員はいい顔をしませんでした。それまでの経緯から、例えば海外駐在については、あたかも左遷と同じように受け止められました。そんなマインドを変えるのに、とても苦労しました。

「これからは海外に行くのがエリートだ、という部門にするから力を貸して！」というような話をしましたが、第一世代は、正直なところ渋々行った、ということだったと思います。10年たって、今はみんな喜んで海外に赴任してくれるようになりました。だからこそ、最初に行ったメンバーの皆さんには、本当に感謝しています。

ターゲットとするエリアは、虫がいないといけないし、暖かいところで、ということになります。そこで、赤道直下のアセアンというところに注目しました。もちろん、他の国はまったくやらない、ということではありませんが、二兎を追う者は一兎をも得ず、ということもあります。また、駐在員の配置も含めて、経営リソースの問題ももちろんありますから、基本的にはターゲット以外のところはやらない、ということをまず宣言しました。

その中で、海外展開の進め方は、自前で進出するか、M＆Aによって時間を買うか、手法はどちらかです。

もっとも、これにはタイミングや縁もあります。結果として、ベトナムやフィリピンは縁があって、シナジー効果を生むことができる企業がありましたので、M&Aの戦略をとりました。マレーシアについては最適なパートナーがいませんでしたので、自前で進出することになりました。

アセアンについては、今後も引き続き展開を強めていく考えです。ただ、新しい国に進出するにはタイミングもありますから、すでに進出した国について、シェアをしっかり上げていくことが当面の目標になります。ターゲットとして、現地化している国で、日本以外でナンバーワンの国を一つでも多くつくることが問われると思っています。まもなくタイなどは、ナンバーワンになると思います。

海外戦略をやる、と言って社長になってから、ここまで来るのに10年かかりました。ナンバーワンを取る、というのは、その国の消費者に支持されているということです。だから、金額よりシェアにこだわるというのは、そういう意味があります。進出する国の数を増やすというより、ターゲットを決めたその国でシェアを上げるというのが大事なことだと思います。

私はよく言うのですが、どこに出るにしても、その国の生活習慣に合わせた商売をしなければいけません。その国の市場に受け入れられ、消費者に支持されることが大事ですから、だからこそシェアにこだわるのです。

日本では、消費者に支持されているからこそ約50％のシェアになりました。それと同じように、早く日本以外の国のナンバーワン、ナンバーツーの国をつくりたいのです。それができれば、アセアンには約7億人という人口がありますから、売上は放っておいてもついてくる、ということです。

その国で1番にならなくても3番くらいまで来たとか、2番になってきたとか、そうなったときに、新規の国に出ることを考えればいいと思っています。アセアン以外、インドあたりに行くか、アフリカに出るか、その時のタイミングが許せば、可能性はあると思います。ひょっとしたら、私の次の社長の仕事になるかもしれませんが、それは「神のみぞ知る」でいいのではないでしょうか。もちろん私がやる仕事の中で、1年でも早くそうなればいいと思いますが、そんな思いで今やっているところです。

ここで主だった進出国での現況を列記してみます。

・タイ（Earth（Thailand）Co.,Ltd.）

アースグループ初の海外法人として1980年に設立されました。現在では、製品開発・生産・販売・物流までを一手に担う地域密着型のビジネスモデルで、確固たる基盤を築いています。

現地発の虫ケア用品ブランド「OASIS」や、「モンダミン」のご当地限定フレーバーの生産など、市場ニーズから発信する「消費者目線」の製品開発にも注力しています。

製品の内製化が進み、安定した生産力で、日本やアセアン諸国、中東エリアに対する生産拠点の役割も担っています。海外初の虫ケア用品シェアナンバーワン

に向け、タイでの知見を他国にも応用しながら、アジア地域のハブとしてさらなる飛躍をめざしています。

・中国（安斯〈上海〉投資有限公司）

発展著しい中国市場での売上拡大をめざし、2015年に営業部門の統括販社として設立。天津・蘇州にある工場2社および白元アースやアース・ペットとも協働し、北京・上海・広州・深圳の四大都市を主軸に、販売活動を行っています。

主力製品は「ARS安速（アース）」。実店舗を展開する企業での販売強化と、ECチャネルでの顧客獲得を日本との連携で進めています。中国国内、日本の両面から中国でブランド普及することを見据えた活動をしています。

・ベトナム（Earth Corporation Vietnam）

ベトナム国内で家庭用品を製造・販売していた現地法人を前身に、2017年より社名を一新して始動。国土が南北に長く、個人商店が七割を占める環境下でスムーズな配荷を行うため、全国700名体制の販売組織網により、発展し続けています。

主力製品の洗剤ブランド『Gift』を基盤にしながら、虫ケア用品市場の活性化のため、『ARS』の拡大・浸透を進めています。

また、南部のビンズン工場では、主に液剤やエアゾールスプレーを製造。今後は、アセアン諸国はもちろん、日本向け製品の生産拠点化も視野に入れ、投資を積極化していきます。

・マレーシア（EARTH HOME PRODUCTS〈MALAYSIA〉SDN.BHD.）

アセアン諸国の中でも高い経済成長率を維持しているマレーシア内での販売会社で、2019年に設立。他の東南アジア諸国と同様、温暖な気候を背景に蚊が媒介する感染症リスクがあるため、虫ケア用品のニーズが高い国です。

また、経済発展に伴い消費者の衛生意識や消費意欲が向上しているため、アース製薬の強みである高付加価値製品が浸透する市場として、成長が期待されています。

現在は、東南アジア地域におけるブランド認知度を高めることをめざし、現地の販売代理店や協力会社と密に連携。グループ企業が製造する製品を販売し、グローバル展開の加速に努めています。

・フィリピン（EARTH HOMECARE PRODUCTS〈PHILIPPINES〉, INC.）

フィリピンで虫ケア用品・家庭用品・ペットケア用品などを販売していた企業から、事業の大部分を買収し、２０２２年に現社名に一新して始動。先行するタイ、ベトナムの工場との連携により、シナジーを生み出します。

フィリピンは著しい人口増加や高い経済成長が見込まれ、他の東南アジア諸国と同様、虫ケア用品や家庭用品のニーズが年々高まるなど、経済発展に伴い、将来にわたり成長が期待できる市場です。

前身企業の事業に、アースグループの製品投入により、今後もより一層の成長をめざし、アジア収益基盤拡大の一翼を担っていきます。

海外事業については、２０３０年に売上高を現在の3倍以上に伸ばす計画です。先ほども述べたように、タイではシェアナンバーワンになる見込みですし、ベトナムで主力の洗剤ブランド『Ｇｉｆｔ』をマレーシア、フィリピンにも販売を展開します。

現状では、海外売上比率は10％強ですが、将来的には60％ぐらいにまで高めたいと考えています。

CI刷新：「Act For Life」と「虫ケア用品」

ＣＩ（コーポレート・アイデンティティ）も、私がリーダーシップを取って変えたことの一つでした。ロゴマークを替え、企業理念やコーポレートスローガンを刷新しました。

これも、グローバル戦略とワンセットで考えたことでした。以前のロゴマークは、赤い楕円形に、カタカナの「アース」の文字が入っていました。これでは、海外戦略を積極化する現在、そして未来の会社の姿にはふさわしくない、と判断したのです。

それと同時に企業理念も新たに策定したのですが、これらは企業にとって実はデリケートなところです。簡単に変えるべきものではないとは思いましたが、私はグローバル化も含めて、新たな姿勢を打ち出す必要があるのではないか、と考えました。

新たな姿勢を打ち出す意味は大いにあるとはいうものの、会長や先代会長の意向も気にしないわけにはいきません。もしか

アース
Safety & Quality

以前のロゴマーク

すると「変えてはならん」と言われる可能性もあります。老舗の企業になればなるほど、長年、会社のイメージを支え、社員の指針となってきたロゴマークや企業理念は変えにくいものでしょう。

それで、ロゴマークと理念を変えることについて、恐る恐る会長と、まだご存命だった先代の会長に、直接お伝えしに行きました。

すると、会長は即座に「ええんちゃう?」。言われたのは、「ただ、せっかく変えるんだったら、かっこいいやつにしてくれよ」ということだけでした。「かっこいいやつ」というのも難しいな、と思いながら、みんなで知恵を絞って決めた社章について、先代の会長も喜んでつけてくださったので、ホッとしたことを覚えています。

その時は経営やマーケティングに携わるメンバーにも入ってもらって、最初はホワイトボード一面が付箋で埋まるぐらいの候補を出して、そこから絞り込んでいく、という作業をしました。

最終的には、アース=地球をモチーフにしながら、情熱を表す「赤」を入れて、「Act For Life」という文字を入れました。「Act For Life」とは、「生命(いのち)と暮らしに寄り添い、地球との共生を実現する。（We act to live in harmony with the Earth.）」という経営理念を英語で簡潔に表現したもので、製品・サービスの提供を通じて、人々の生命・生活（Ｌｉｆｅ）に寄り添い、安全で快適な生活に貢献していく（Ａｃｔ）というアースグループのお客様との約束を表しています。この「Act For Life」を親しみやすく、わかりやすい表現にしたのが「地球を、キモチいい家に。」「キモチいい」は、安全で快適であることを表しています。

もちろん変えるべきではない社是はそのままにして、つまり先々代からずっとつながっているものは生かす形にしました。新しく付け加えるバリューも決めるなど、結構時間をかけました。対外的に発表したのは２０１７年のことでした。

現在のロゴマーク

アースグループ 経営理念

生命《いのち》と暮らしに寄り添い、地球との共生を実現する。

We act to live in harmony with the Earth.

アースポリシー

お客様目線による市場創造	Creating a Market with customers
熱意・創意・誠意	Passion・Innovation・Integrity
すぐやる・必ずやる・最後までやる	Momentum・Achievement

アースバリュー

全員参画	One Earth
コミュニケーション	Open communication
人がすべて	Diversity

このCI刷新は、かつてのオーナー会社から転換する、という意味もありますし、新しい企業像を示す上で、シンボリックなことにもなったと思います。そのことを目的として、やろうと考えたわけではありませんが、結果的にそうなった、ということです。

呼称変更で業界のイメージを変える

もう一つ、私が発案してイメージを変えたことに、「殺虫剤」という言葉をやめて「虫ケア用品」としたことがあります。これも、長年、当たり前に使っていた言葉を換えるのですから、世の中へのインパクトも大きかったと思います。

「殺虫剤」といえば、日本の消費者の皆さんには「あの製品のことか」とわかっていただけますが、私は「殺」という文字が入っていることに、かねて違和感を覚えていました。業界を牽引するリーディングカンパニーが、この文字を使っていいのだろうか、ということです。

もちろん使い慣れた言葉に違和感をもたない人も多いと思いますが（もたない人のほうが多いかもしれません）、中に少数でも「嫌です」という人がいるのなら、配慮することは必要だと思いました。実際、そういったネガティブな調査結果もあったのです。

それに代わる言葉として「虫ケア用品」を考案したのは私です。名称を変えたことによって売上や利益が増えるというわけではありませんが、これはアース製薬としての企業姿勢の問題です。

そうと決めてからは、本当に草の根活動です。販売店にもご理解をいただいて、売り場での表示を変えてもらわなければいけません。この件について「殺虫剤やめます」と宣言したところ、報道各社も興味をもって報じてくれました。

「殺虫剤事業をやめるんですか？」という誤解も生まれましたが、この件が広く周知される後押しになったかもしれません。

幸いなことに販売店の多くが理解を示してくれて、コーナー名称を「虫ケア用品」に変えてくれました。

その後に世の中でＳＤＧｓが叫ばれるようになり、呼称の変更は、その理念に沿ったものである、と褒めていただくようになりました。「先を見る目がありましたね」などと言われると、ちょっと気恥ずかしい思いがあるのですが。

本当のことをいえば、環境に配慮しよう、というような思いが出発点だったのではなく、繰り返しになりますが、アース製薬がリーディングカンパニーとして業界を引っ張っていくメッセージを打ち出したい、ということが入り口でした。

今では「虫ケア用品」という言葉は販売店でも消費者の間にも、定着してきているのではないでしょうか。この名称をアース製薬が考案した、ということをみんなが知らないとしても、まったくどうでもいいことです。製品のイメージ、ひいては業界のイメージが少しでも良くなることが大事なのです。

未来に夢がもてる事業：オープンイノベーションの取り組みであるMA-T事業

ここではアース製薬にとって新しいオープンイノベーションの取り組みであるMA-T事業について説明したいと思います。

「MA-T（マッチング・トランスフォーメーション）システム」とは、水にごく少量の亜塩素酸を混ぜた水溶液で、水性ラジカルが菌やウイルスを攻撃するというもの。新型コロナウイルスをいかに抑えるか、という世の中の関心の中で注目されているもので、水とほぼ同じ性質をもちながら、攻撃すべき菌やウイルスの存在を察知した時だけ、水性ラジカルが生成されるというのが画期的なところです。大阪大学の研究によって、2015年にこの仕組みが解明されました。

このMA-Tに、なぜ注目したかといいますと、子会社であるアース環境サービスがたまたま除菌剤として使用を始めたことがきっかけでした。アース環境サービスは食品工場などの衛生管理を請け負っている会社です。

そんな縁があり、除菌効果が高く、安全性も高いということから、私も詳しい説明を直接伺う機会がありました。正直なところ、それほど強い関心があったわけではなく、儀礼的に話を聞いたというのが本当のところです。

しかし、話を聞いて、その大きな可能性に驚きました。また、説明してくれた開発者であるエースネット社の熱意にも打たれました。剤が気に入ったのが半分、同社の一生懸命さに惚れたというのが半分、といっていいでしょう。

酸化制御の仕組みに特許を取っているということで、このMA-Tは除菌・消臭剤、食品添加剤、農薬、表面酸化、医薬品、エネルギーという6分野で、幅広い用途に応用できます。例えば昨今話題になっていますカーボンニュートラルの実現に向けたソリューションの開発もその用途の一つとなり、世の中を変える可能性もあるかもしれません。

アース製薬としては除菌・消臭剤については製品化ができますが、他の5分野については自前で製品化できるわけではありません。そこで、工業界なるものをつくって、いわゆるオープンイノベーションで、多くの専門企業に使ってもらおうと考えたのです。

そのような案内を各方面にしたところ、商社や日用品メーカー、自動車、エネルギー、農業など、各業界のトップ企業を中心に、4年で100社を超える企業が参加してくれています。ということは、この技術、この剤は、悪いものではないということです。

もちろん実用化、製品化については、私の考えでは6分野のいずれかで必ず成功例が出てくると思っています。2024年2月には「MA-Tシステム」の取り組みが、内閣府による第6回日本オープンイノベーション大賞の内閣総理大臣賞を受賞しました。国も含めて、いろいろなところで評価されてきていることもあり、いい歩みになってきていると思います。

この事業は、世界での基本特許をアース製薬がもっていますので、幅広い分野での知的財産の活用につながる可能性があります。製品を作って売ることがメーカーの本業ではありますが、この「MA-Tシステム」はアース製薬としてはこれまでになかった知的財産ビジネスで、道半ばではありますが、未来に夢がもてる事業であると思っています。

私が元気なうちに芽が出ればうれしいですが、時間がかかったとしても次期社長なり将来の社員が「あの時にこれをやっといてくれて良かったな」と言ってもらえたらいいな、という事業です。未来はわかりませんが、楽しみな事業ということです。

WHAT'S MA-T®

MA-T®はMatching Transformation System®の略で、革新的な酸化制御技術。

亜塩素酸イオンから必要な時に、必要な量の活性種(水性ラジカル)を生成させることで、流行性ウィルスをはじめとするウイルスの不活化、種々の菌(細菌)の除菌を可能にします。

さらに活性度を巧みに制御することで、高難度の化学反応を開拓すると共に、高分子の高機能化やデバイスへの応用、農薬・医薬品への応用など幅広い応用化の基礎となる基盤科学を推進しています。

SDGsにも大きな貢献が期待される技術です。

MA-T System

弱　**活性化の強弱を制御することで広範な応用展開が可能**　強

事業分野

感染制御分野	医療・新薬開発分野	食品衛生分野	農業・林業分野	表面酸化分野	エネルギー分野
- 対物・空間・皮膚(全身)・口腔内の除菌・消臭 - 病院、介護施設、保育園、スポーツ施設等の大型施設の感染制御 - 特殊清掃	- 難治性疾患治療薬 - 抗癌剤 - ガン性皮膚潰瘍臭改善薬	- 食品工場衛生管理	- 農作物成長促進・樹木成長促進 - 芽胞菌の殺菌・種子消毒 - 水耕栽培	- 繊維、セパレーター等の親水性付与 - クライオ電顕高解像度分析の実現 - 廃液フリーのメッキ開発 - 接着剤フリーの金属材料接着	- 二酸化炭素排出ゼロで、バイオガスを有用なエネルギーのメタノールとギ酸に変換 - カーボンニュートラル(脱炭素社会)の実現

https://matjapan.jp/mat/　日本MA-T工業会HPより

「社員がこういう会社で働きたいという会社」にしたい

社長に就任してから10年。このように振り返ってみると、本当にさまざまなチャレンジをしてきました。この章のまとめとして、大塚達也会長と一緒にアース製薬の変化と、これからの展望について話し合ってみました。

川端　社長になってからの10年は、あっという間だったような気がします。10年前に引き受けた時には、経営というのは1年でできることなど何もないし、ある程度の時間をかけなければならない、と大塚会長から言われました。だからこそ、「若いことは大事だ」ということです。

大塚　3年先、5年先を考えて経営にあたってほしい、と言った記憶があるね。

川端　そうです。そうやってスタートしましたが、若いだけに「この先が長いんだろうな」と思った記憶があります。本音を言うと、「この先、いつ何が起こるかわからないじゃないか」と思っていました。どんな社会変化が起きるか、わからない。現に、いくつも自然災害が発生しましたし、新型コロナウイルス感染症の感染拡大もありました。それらにも一つ一つ対応しながら、一年一年、一生懸命にやってきた、というのが正直なところです。

この10年、会長からご覧になって、社長の私は、どうでしたか？

大塚　そこまで細かいところまでは見ていませんけどね。いろいろ学んできたのではないですか？　もちろん業績を伸ばすことは経営者にとっての責務です。上場企業ですから、どうしても配当だとか最終利益、あるいは株価も意識しているはずです。そのあたりは、聞かれてもいないし、言うこともないのですが。

川端　そうですね。そのような社会的な責任はひしひしと感じていますし、業績ももちろん伸ばさなければなりません。ただ、同時に次の１００年に向かっての布石も打つ必要があります。Ｍ＆Ａもグローバル展開も、積極的に進めましたし、これからも続くでしょう。私が社長を務めている間にやりたいことは、事業面では本当にいろいろあります。

大塚　いいことですね。できれば外の評判などはあまり気にせず、自分の思うがままに進んでいくほうがいいでしょう。付け加えれば、会社にとっていちばんの財産である社員をきっちり守っていって、彼らが入社して「汗かいて働いて良かったな」と思えるような方向性をとってほしいね。

川端　おっしゃる通りだと思います。アース製薬をどんな会社にしたいか、という観点で言うと、「いい会社にしたい」ということに尽きます。「いい会社」の定義は難しいですが、私の考えを敢えて言うなら「社員がこういう会社で働きたいという会社」です。会長の言われる「汗かいて働いて良かったな」と、ほとんど意味は同じです。そんな会社にするために何をすればいいか、というと、これがまた難しいですよね。それは仕組みだけでもないと思うし、利益を上げる会社になればそれでいい、というわけでもないと思いますし。

大塚　その通りですね。

川端　一つ言えるのは、設立100年だけどベンチャーみたいな会社、というのが、一つめざすべきイメージなのかな、ということです。老舗企業というと堅いイメージがありますが、伝統を守るのはいいことだと思います。ただ一方で、それだけではないだろう、とも思うのです。私はよく、「伝統はあるけれどベンチャー企業だ」という言い方をするのですが、そういう企業であり続けたいと思っています。私がやるべきなのは、そうあり続けて、また他の方にバトンを渡していくということかな、と

思っています。

大塚 社員の思いに応えるためには、やっぱり会社としても業績を上げなければいけないし、お得意様に対してもサービスをして、その見返りを社員と分かち合う、という意識でいてほしいと思っています。

川端 会社は業績的に成長したほうがいいに決まっていますけれども、もう一つは「変化」というのもキーワードの一つなのかなと思っています。

大塚 「変化」がキーワードというのは、どういう意味？

川端 その事業を幅広く広げていくという話と、もう一つは質的な変化もあるのかなというふうに思っています。例えば社内のコミュニケーションを活性化させるためにいろんな手立てをしているという話もありますし、大塚会長が「社員ファーストの会社なんだ」と強調されていますが、それはたぶん業績伸長とはちょっと別の軸の「会社を良くする」という意味での変化なのかなと思います。そのように、10年前と今とで、社員の働きやすさとか、そういう観点からも会社は変わったんじゃないのかなと私は思っています。

そのことは意識して進めてきた一面もありますが、私も中途入社ではなく、新卒で入社していますから、「こうあったらいいのに」と感じることがたくさんあったんです。それが一つの「エンジン」になって、「やっぱり変えたほうがいい」というジャッジメントになることがありますね。

大塚　確かに変わってきました。私も今の立場で、本当にやらなきゃいけないのは子育て支援システムというか、サポートをどうやっていくべきか、というのをしっかりと考えていきたいと思っています。他社に先駆けてそれができるのがアース製薬であってほしいし、女性が男性と同じ条件で働ける、競い合える環境というものを整えていきたいなというふうに思っています。

川端　そのことと無縁ではありませんが、外部環境の変化が、ここに来て本当に激しくなりました。コロナももちろんそうですが、この10年、あるいはこの数年、「デジタル化」の流れから生まれた「チャットＧＰＴ」から「ＡＩ」まで様々なものがありますし、別の次元では「円安」もあります。要は「こんなに変わる？」と言いたくなるような目まぐるしい変化です。

大塚　デジタル化のような変化は、私が社長だった頃は、まだ黎明期でしたから。その後の変化は、確かに目まぐるしい。

川端　だけれども、それを嘆いていても仕方ありません。例えば、50年前の10年と、今の10年とでは、明らかに外部環境の変化、そのスピードと質は違うでしょう。そう考えると、ここから先の10年は、どんなスピードで変化するの？　と思います。だから本当にそこは「柔軟な朝令暮改」で対応していくことが大事かもしれません。朝決めたことがいろいろ変わったとしても、それはもうそういう時代になっているんじゃないかと思いますね。

大塚 そんな恐ろしいほどの変化にさらされながらも、この10年は、比較的、自分が思い描いた通りに進んできたんじゃない？

川端 そう思います。もちろん失敗だってあったのですが。何だかんだ言いながら、それは結果として会社が少なからず成長をしている、というのが答えなんじゃないかなと思います。「もっと成長させんかい」などと言い出せばきりがないでしょう。

一方の「いい会社」への道は、まだまだだと思っています。社歴の長い私たちだから「だいぶ変わった」「会社は良くなった」と思いますが、若い社員は過去を知らないわけですから、彼らからしてみたら「もっともっと変えてよ！」と思っているかもわかりません。ですから、私自身が「これで十分変えた」と思ったら、その時点で終わる、という危機意識があります。そこは他の経営者の話を聞いたり、もちろん社員の話もよく聞いたりして、「なるほどそうか」ということがあれば、これからも参考にさせてもらいたいと思います。

会長がおっしゃるように、「社員ファースト」です。ステークホルダーのナンバーワンは社員です。

いい会社になってきたといっても、やっぱり辞める社員もいたわけですし、人間ですから難しいです。だからまあ面白い、ということですが、終わりのない旅になるし戦いになる、ということだと感じています。

大塚　終わりのない旅ですか。その旅を、これからも応援団として、見守っていきたいと思います。

Column

オリンピックへのスポンサーシップ

東京2020オリンピック・パラリンピックは夏の大会。アース製薬は、どちらかというと夏の会社ですから、お話をいただいてすぐにスポンサーシップを決めました。契約カテゴリーは「家庭用虫ケア用品、虫よけ、肥料、培養土および除草剤」でした。

東京では五十数年ぶりのオリンピック開催ですし、大勢のインバウンドによる人の流出入があるため、感染症対策にも貢献できます。組織委員会と一緒に「虫ケアステーション」を提案するなど、本業とも関連づけられる、と判断しました。

もう一つ、「オリンピックをサポートするような会社で働けている」という社員のモチベーションにもつながる、という側面も大事なポイントでした。

これらの条件が重なりましたから、スポンサーになることは、まったく迷いませ

「東京2020オリンピック・パラリンピック」ではスポンサーを務めたアース製薬。聖火リレーでは、大塚達也会長（上）は東京都、川端克宜社長は兵庫県を走った。

んでした。

新型コロナウイルス感染症拡大の影響で無観客になってしまったのは運が悪かったですし、残念ですが、オフィシャルスポンサーを務めたという事実は消えるわけではありません。また、我われの虫よけ剤などが大会のオフィシャル製品に選ばれたことを未来永劫、伝えることができます。ですから、スポンサーとして参加できて良かったと思います。

世界的なイベントにも関心がある会社だ、と認知されたのは、オリンピックのスポンサーシップが実現したからでしょう。

何か面白いことをしそうな会社だ、と思われるのは、いいことだと思います。何もしない会社だ、と言われるより、はるかにいい。縁とタイミングによっては、このようなビッグイベントには、積極的に参画していきたいと考えています。

ＪＲ神田駅とのコラボレーション

ＪＲ山手線神田駅の発車メロディが「モンダミン」のＣＭジングルになったことは、さまざまなメディアにも取り上げられて、話題になりました。２０２３年10月のことです。それだけでなく、ＪＲ神田駅に「アース製薬本社前」という副駅名称をつけることになり、４つの改札口にアース製薬の製品名が追加されました。

これは２０２５年に設立１００周年を迎えるにあたって、マーケティングを担当している社員があれこれと考える中で出てきたアイデアでした。

そんなことが実現できるかどうかわかりませんでしたが、ＪＲ東日本にオファーをさせていただき、運良く実現したものです。

設立１００周年の記念として、例えば社員と懇親会を実施する、というようなことても良かったのかもしれませんが、もう少し世の中に会社のことを発信するようなイベントのほうがいい。それも一つのチャレンジだったと思います。

おかげさまで、大きな話題にもなりましたし、「行動的な、面白い会社じゃないか」というイメージを発信することができたのではないかと思います。

ＪＲ神田駅 ホーム駅名標

ＪＲ神田駅 駅舎駅名標

福利厚生の一環としての「アクトカフェ」

コロナ渦の時期に、本社に「アクトカフェ」を開設しました。社員とのコミュニケーションを図る中で、それにふさわしい場所があったらいい、と考えたのです。

どうせだったらカフェみたいに社員が休憩もでき、仕事もできるような場所にしたいと思いました。

カフェにもいろいろありますが、わかりやすく「スタバを入れよう」という話になり、大塚会長と一緒に、東京・品川のスターバックス コーヒー ジャパン株式会社の本社を訪ねました。要するに、オフィス内への出店の交渉です。出店そのものは無理だとしても、私はスターバックスの看板をつけさせてほしかったのです。

結果的には、事業所内でコーヒーを提供してもよい、というお話をいただきました。コーヒーマシンとカップは、スタバと同じものが使えることになりました。も

アース製薬本社のカフェスペース「アクトカフェ」

ちろん、これについては対価を支払って、お付き合いしています。

福利厚生の施策であっても、遊び心があったほうがいいと思いますし、おかげさまで「アクトカフェ」は社員からも好評です。

おわりに

最後まで本書をお読みいただき、ありがとうございました。

この機会に、あらためてアース製薬で働いてきた30年をじっくり振り返ってみて、本当にいろいろなことがあった、と思い出しました。たくさんの仕事をし、いくつもの節目を越えてきましたが、そのときどきに実に多くの社内外の人に支えられてきた、ということにも気がつきました。冒頭に書いた通り、「縁」や「出会い」は大事であると、いまさらながらに痛感しています。

この間、会社は大きく変わりました。大塚達也会長が社長だった時代に新製品の開発を積極的に進め、業界でのシェアを伸ばしてきたところで、私は経営のバトンを引き継ぎました。そこから本文に書いたようにグローバル事業を積極展開し、国内外で

のＭ＆Ａを行い、またＣＩを刷新することで新しい企業イメージを発信するようにもなりました。前半は営業職として、あるいは支店長として会社に貢献したわけですが、10年前からは社長として、会社の成長をリードしてきたことになります。

30年の間には大きな社会変化もありました。新入社員時代には阪神・淡路大震災があり、社長になってからですと新型コロナウイルス感染症の拡大もあり、そのような社会の節目を経験するたびに、私たちは生き方、働き方を見直しつつ、新しい現実にアジャストするように変化をしてきたのではないかと思います。

ただ、その一方では、いくら時代が変化しようとも、変わらないものも多いことを実感します。

私自身についていえば、本文にも書かせていただいた「現場主義」ですとか「率先垂範」、あるいは「人と関わるのが楽しい」「常識を疑う」「スピードに勝る営業付加価値なし」など、基本的な考え方や価値観、仕事に取り組む姿勢は驚くほど変わっていません。

もちろん立場が変わりましたから、一営業職だった頃とは、日々の行動内容は変わらざるを得ませんが、考え方の本質部分というか、何を重視し何を優先するか、というあたりはまったく変わっていない、といっていいでしょう。「会社は大きく変わりました」と書きましたが、製品に込める想いや世の中に発信する価値観など、そんな本質部分は会社も変わっていないのではないかと思います。人も組織も守るべきところは守りながら、新しい成長に向かって変化をやめない、ということになるのでしょう。

「地球を、キモチいい家に。」というのは2017年に決めたアース製薬の企業理念です。これからも新しい製品の開発や、海外を含む新たな事業展開は続けていきますが、この理念は不変であり、この理念を実現するべく全社でビジネスの実践をしていくことになります。

設立100周年という節目にあたって、これまでを振り返った本書は、次の100年へのスタートに向けてのベースであると同時に、変わらぬ考え方を確認するツールにもなったのではないかと思います。

読んでいただいた皆さまには、この本の中に、皆さまの生活や仕事に役立つ何かがあれば、と願うと同時に、これからのアース製薬を見守っていただければと思います。

最後になりますが、本書は社内外の多くの方のご協力を得て書かれました。特に、編集の労をとってくださったダイヤモンド・ビジネス企画の岡田晴彦社長、構成を担当していただいたフリーライターの間杉俊彦さんには大変お世話になりました。ありがとうございました。

2024年10月吉日　　川端克宜

【著者・補筆】

大塚達也（おおつか・たつや）

1986年4月　大塚製薬株式会社入社
1990年1月　アース製薬株式会社入社
1990年3月　同取締役
1992年3月　同常務取締役
1994年3月　同代表取締役専務取締役
1998年3月　同代表取締役社長
2014年3月　同取締役会長（現在）

【著者】

川端克宜（かわばた・かつのり）

1994年3月　アース製薬株式会社入社
2011年3月　同役員待遇 営業本部大阪支店支店長
2013年3月　同取締役 ガーデニング戦略本部本部長
2014年3月　同代表取締役社長（兼）ガーデニング戦略本部本部長
2015年8月　同代表取締役社長（兼）マーケティング総合戦略本部本部長
2019年3月　株式会社バスクリン　取締役会長（現在）
2021年3月　アース株式会社　代表取締役社長CEO（現在）
白元アース株式会社　取締役会長（現在）
アース・ペット株式会社　取締役会長（現在）
アース環境サービス株式会社　取締役会長（現在）

BATON バトン

トップを走り続けるためにいちばん大切なこと

2024年10月1日　第1刷発行

著者 ―――― 大塚達也　川端克宜
発行 ―――― ダイヤモンド・ビジネス企画
〒150-0002
東京都渋谷区渋谷1丁目-6-10 渋谷Qビル3階
http://www.diamond-biz.co.jp/
電話 03-6743-0665(代表)

発売 ―――― ダイヤモンド社
〒150-8409　東京都渋谷区神宮前6-12-17
http://www.diamond.co.jp/
電話 03-5778-7240(販売)

編者 ―――― アース製薬
編集制作 ―――― 岡田晴彦
編集協力 ―――― 間杉俊彦
装丁・本文デザイン ―――― いとうくにえ
DTP ―――― 齋藤恭弘
撮影 ―――― 伊藤博明
印刷・製本 ―――― シナノパブリッシングプレス

ISBN 978-4-478-08511-0